MERIAN *live!*

Straßburg

Rüdiger Tschacher lebt und arbeitet als freier Autor in Tübingen. Viele Jahre per direkter Buslinienverbindung, heute mit dem TGV, pendelt er regelmäßig vom Neckar zur nahen Europastadt jenseits des Rheins.

 Familientipps

 Diese Unterkünfte haben behindertengerechte Zimmer

Preise für ein Doppelzimmer mit Frühstück:

€€€€ ab 170 €   €€ ab 90 €
€€€ ab 130 €   € bis 90 €

Preise für ein dreigängiges Menü ohne Getränke:

€€€€ ab 60 €   €€ ab 25 €
€€€ ab 40 €   € bis 25 €

Inhalt

◄ Auf der Place Kléber steht ein Denkmal
(► S. 64) zu Ehren des Namensgebers.

Unterwegs in Straßburg 54

Spaziergänge und Ausflüge 80

Wissenswertes über Straßburg 94

✳ Karten und Pläne

Willkommen in Straßburg Deutsch,
französisch, elsässisch – die »Hauptstadt« Europas steckt
voller vielseitig geprägter und charmanter Aspekte.

»Die Gedanken sind frei, wer kann sie erraten – elles sont libres, les pensées, personne peut les arrêter« – ein Open-Air-Konzert an einem heißen Sommerabend geht zu Ende, und Roger Siffer und Christian Dingler zelebrieren, unterstützt von den Musikern des Théâtre de la Choucrouterie de Strasbourg, das Lebensgefühl vieler Straßburger. Die Existenz dazwischen, das Auskommen mit zwei rivalisierenden Nachbarn, hat über viele Jahrhunderte das Leben der Straßburger bestimmt und viel Leid, aber auch viel Selbstbewusstsein und Freiheitssinn gebracht. Die große Menschenmenge vor der Bühne am Schlossplatz neben dem Münster singt mit, manche bei den französischen Einsätzen Christian Dinglers, manche bei den deutschen von Siffer, viele singen bei beiden Sprachen mit.

Deutsch – französisch – elsässisch

Auch wenn eine zunehmend große Anzahl neu zugezogener Straßburger damit meist wenig anzufangen weiß, so setzt doch das Traditionsbewusstsein jener, die bereits seit Generationen hier leben, einen bedeutsamen Akzent im sozialen und kulturellen Leben der Stadt. Zugleich ist Straßburg heute aber auch eine im besten Sinne durch und durch französische Stadt. Stilvolle

◄ Der Cafébesuch in La Petite France (▶ S. 64) ist Teil des Savoir-vivre.

Ergänzungen, so etwa der Glasvorbau des Hauptbahnhofs, die moderne Straßenbahn, der französische Umgangston – Eleganz und Savoir-vivre geben den elsässischen Fachwerkhäusern erst den richtigen Pfiff. Der kulturelle Reichtum, den diese unterschiedlichen Aspekte für Straßburg bedeuten, zeigt sich in Momenten wie dem beschriebenen an der Place du Château.

Am frühen Morgen mit dem TGV am Hauptbahnhof angekommen, habe ich wie jedes Mal kurz nach dem ansonsten kaum mehr wahrnehmbaren Grenzübertritt die Klangvielfalt der Handys belächeln müssen, welche ihren Besitzern das Umschalten auf ein neues Netz melden, und bin wie immer wieder überrascht, nur wenige Kilometer hinter der Grenze in eine doch sehr andere Welt zu gelangen. Die französische Sprache umgibt mich wie ein weiches Tuch, die Höflichkeit, der Stil, die Gesten – es ist schön, so nah so fern sein zu können.

Und bei allem Fernen und Neuen, was die Stadt ihren Gästen bietet, ist auch viel Vertrautes. Ein frühmorgendlicher Gang zum Münster etwa. Die Ruhe und majestätische Ausstrahlung des gewaltigen Innenraums, einmal ohne Gemurmel der ansonsten zahllosen Besucher, oder ein Sonntagnachmittag im Parc de l'Orangerie. Familienpicknick unter alten Platanen, Jugendliche spielen Fußball, eine junge Braut tritt, ihr weißes Hochzeitskleid von einer Freundin hochgehalten, vor den Pavillon Joséphine, um sich dort gemeinsam mit dem Bräutigam fotografieren zu lassen. Kleine Kinder bestaunen einen mächtigen Storch, der sich auf dem Dach eines Kiosks vor dem Parksee niedergelassen hat und die bunte Szenerie um ihn herum ohne jede Regung betrachtet.

Elsässisch – europäisch

Es macht den Reiz der Stadt aus, dass man mit nur wenigen Schritten aus diesem romantischen Szenario heraustreten kann und erstaunt vor dem trutzigen Großbau des Europarats stehen bleibt. Wieder nur einige Schritte, und die zugleich aufsehenerregende wie unprätentiöse Glasfront des Europäischen Parlaments spiegelt sich im Wasser der Ill. Zu Sitzungszeiten strömen hier Abgeordnete aus 27 Ländern zusammen und verhandeln über die Zukunft Europas. Bei aller Europaschelte – das ist ein gewaltiger Fortschritt, gerade wenn man die bewegte Vergangenheit der Stadt bedenkt.

Bei einem Milchkaffee an der Place Benjamin Zix im Herzen von La Petite France, mit Blick auf eine der Straßburger Brücken, erscheint die oft zitierte Feststellung, dass die Elsässer die »deutschesten Franzosen oder französischsten Deutschen« seien, der Wirklichkeit der Stadt nur noch wenig gerecht zu werden. Deutsche, Franzosen, Elsässer? Europäer! Und so stehen die 620 Bauwerke, die das Wasser in Straßburg überbrücken, auch für das Bauwerk Europa, welches den Menschen in dieser schönen Stadt eine selbst gewählte Identität garantiert. Um nochmals Roger Siffer zu zitieren: »Ein Elsässer ist ein Mensch, der das Elsass liebt.« Und dies gilt für mich ganz besonders und immer wieder von Neuem für Straßburg.

MERIAN-TopTen MERIAN zeigt Ihnen

die Höhepunkte der Stadt: Das sollten Sie sich bei Ihrem Besuch in Straßburg nicht entgehen lassen.

 La Cathédrale Notre-Dame (Münster)
Ein Besuch des Straßburger Münsters ist unbestritten der Höhepunkt eines Aufenthalts in der Stadt (▶ S. 58).

 Rundblick vom Münsterturm
Die Kletterpartie über die 332 steinernen Stufen wird mit einem großartigen Rundblick belohnt (▶ S. 60).

 Europäisches Viertel
Europaparlament, Europarat und Europäischer Gerichtshof für Menschenrechte – die geballte Macht (▶ S. 62, 84).

 La Petite France
Das Schönste, was die Altstadt zu bieten hat: »Klein-Frankreich« mit seinen verwinkelten Gassen und Fachwerkhäusern (▶ S. 64, 82).

 Ponts-Couverts
Die drei mächtigen Türme erinnern eindrucksvoll an die alte Stadtmauer (▶ S. 68).

 Kirche Saint-Pierre-le-Jeune Protestant
Architektonisch und kunstgeschichtlich eine der bedeutsamsten Kirchen der Stadt (▶ S. 70).

7 Musée Historique

Das historische Museum ermöglicht einen fantastischen multimedialen Einblick in die bewegte Vergangenheit der Stadt (▶ S. 76, 85).

8 Musée Tomi Ungerer

Das neu eröffnete Museum zeigt Exponate des berühmten elsässischen Karikaturisten (▶ S. 77).

9 Mont Sainte-Odile und Obernai

Auf dem Klosterberg schweift der Blick über die Rheinebene, auf dem Weg besucht man das hübsche Obernai (▶ S. 87, 88).

10 Bootsfahrt auf den Ill-Kanälen

Hier präsentieren sich die Häuserfassaden von ihrer schönsten Seite (▶ S. 108).

MERIAN-Tipps Mit **MERIAN** mehr erleben. Nehmen Sie teil am Leben der Stadt und entdecken Sie Straßburg, wie es nur Einheimische kennen.

 Cave Historique des Hospices de Strasbourg
Edle Tropfen lagern im mittelalterlichen Weinkeller, einem einstigen Krankenhaus, das zu besichtigen ist (▶ S. 34).

 Schokolade von Au Doux Pays de France
Die Köstlichkeiten des Familienbetriebs stammen aus eigener Herstellung (▶ S. 37).

 Wochenmarkt
Der Markt am Boulevard de la Marne hat alles im Angebot, was qualitätsbewusste Gourmets lieben (▶ S. 38).

 Le Festival
In der geräumigen Bar werden die besten Cocktails der Stadt serviert. Im Sommer schmecken sie auf der Terrasse besonders gut (▶ S. 43).

 Théâtre de la Choucrouterie
Das Herz der elsässischen Kulturszene schlägt in einer ehemaligen Sauerkrautfabrik (▶ S. 47).

 Wasserballett
Ein Erlebnis für die ganze Familie ist die jährliche Gala-Vorstellung des Ballet Nautique Strasbourg (▶ S. 49).

 7 Weihnachtsmarkt
Der »Christkindelsmärik« hat
in Straßburg eine Tradition,
die bis ins Jahr 1570 zurück-
reicht (► S. 51).

 **8 Kinderspielplatz Square
des Moulins**
Eine Verschnaufpause für
Große wie Kleine bietet der
schöne Spielplatz mitten
im Viertel La Petite France
(► S. 53).

 9 Parc de l'Orangerie
Liebenswerter Park beim
Europarat – mit Rudersee,
Herrenhaus und kleinem
Tierpark (► S. 67).

 10 Intarsienkunst
Einlegearbeiten in Holz mit
elsässischen Motiven sind
zwar ein kostspieliges, aber
auch ein ganz besonderes
Mitbringsel (► S. 78).

Der Münsterplatz ist wie geschaffen, um
nach einer Dombesichtigung inmitten
der hübschen Fachwerkhäuser in einem
der Cafés den Abend einzuläuten.

Zu Gast **in Straßburg**

Sie schlafen in urgemütlichen Bürgerhäusern, dinieren in rustikalen Weinstuben, und La Petite France
empfängt Sie mit elsässischem Charme. Die »Hauptstadt Europas« erwartet Sie mit französischem Chic!

Übernachten Schlummern in traditionellen
Fachwerkhäusern, ausgestattet mit dem Komfort von
heute. Nachtschwärmer suchen sich eine Unterkunft im
angesagten Ausgehviertel Krutenau.

◄ Zentral und doch ganz ruhig logiert man im Cour du Corbeau (▶ S. 13).

Für diesen Reiseführer wurde der Schwerpunkt auf Hotels im Zentrum bzw. in nahe gelegenen Stadtvierteln gesetzt. Bitte beachten Sie unbedingt, dass während der Sitzungswochen des Europaparlaments die meisten Hotels von montags bis freitags ausgebucht sind. In Frankreich mietet man das Zimmer – egal, ob nun eine oder zwei Personen darin schlafen. Das Frühstück ist nicht im Preis inbegriffen und kostet je nach Kategorie zwischen 6 und 25 € pro Person. Eine lohnenswerte Alternative ist es, sich die zusätzlich erhobenen Kosten für das Hotelfrühstück zu sparen und das »petit déjeuner« in einem der umliegenden kleinen Cafés, Bäckereien und Konditoreien zu sich zu nehmen.

Falls Sie mit dem Auto anreisen, erkundigen Sie sich vorab nach den Parkmöglichkeiten des von Ihnen ausgewählten Hotels – insbesondere die Häuser im Zentrum der Stadt haben oft nur sehr beschränkte, manchmal keine ausgewiesenen eigenen Parkmöglichkeiten.

Preise für ein Doppelzimmer mit Frühstück:

€€€€ ab 170 €	€€ ab 90 €
€€€ ab 130 €	€ bis 90 €

HOTELS €€€€

Château de l'Ile

▶ S. 116, südwestl. A 4

Ein Schloss im Grünen • Schöne Aussicht auf Fluss und Park sowie gutes Frühstück – das Hotel ist ein ruhiger, außerhalb des Stadtzentrums gelegener Ausgangspunkt für einen entspannten Straßburgbesuch.

Ostwald • 4, quai Heydt • Bus 2: Hôtel de Ville • Tel. 03 88 66 85 00 • www.chateau-ile.com • 62 Zimmer • €€€€

Cour du Corbeau ▶ S. 117, E 12

Luxus im historischen Gewand • Das neu renovierte Boutique-Hotel liegt verborgen hinter einem unauffälligen Toreingang, der vom sehenswerten mittelalterlichen Innenhof erreicht wird. Die Zimmer bieten einen gelungenen luxuriös-entspannten Stilmix in einem liebevoll hergerichteten elsässischen Ensemble aus dem 16. Jh.

Krutenau • 6–8, rue des Couples • Bus 10: Corbeau • Tel. 03 90 00 26 26 • www.cour-corbeau.com • 57 Zimmer • ♿ • €€€€

Hôtel Beaucour ▶ S. 117, E 12

Charme in Fachwerk • Das 1992 eröffnete Haus bietet eine charmante Kombination zwischen traditionellem Fachwerkstil und modernstem Komfort. Das Haus wirkt aufgrund seiner U-Form verschachtelt, hat aber geräumige und apart eingerichtete Zimmer, die zur Verkehrsstraße hin mit Doppelglasfenstern isoliert sind. Von den Zimmern zur Straßenseite hat man einen schönen Blick auf den nahe gelegenen Münsterturm. Zentraler geht es kaum.

Das Hotel Petite France (▶ S. 14) kombiniert die geschmackvolle und moderne Einrichtung geschickt mit seiner historischen Bausubstanz.

Krutenau • 5, rue des Bouchers • Tram A, D: Porte de l'Hôpital • Tel. 03 88 76 72 00 • www.hotel-beaucour.com • 49 Zimmer • €€€€

Petite France ▶ S. 116, C 11

Für höchste Ansprüche • Dieses schöne Hotel liegt direkt an der Ill. Seinen besonderen Charme entwickelt das Haus aus der Verbindung von historischer Bausubstanz und moderner Einrichtung. Eines der attraktivsten und teuersten Quartiere in Straßburg.
Petite France • 5, rue des Moulins • Bus 10: Saint-Thomas • Tel. 03 88 76 43 43 • www.regent-petite-france. com • 72 Zimmer • ♿ • €€€€

HOTELS €€€

Grand Île ▶ S. 117, D 10

Zentrale Lage • Das Hotel befindet sich mitten in der Innenstadt, ist aber recht ruhig gelegen. Die Hotel-

bar ist beliebter Treffpunkt für Politiker und Journalisten.
Centre • 4, pl. Saint-Pierre-le-Jeune • Tram B, C: Broglie • Tel. 03 88 15 49 00 • www.sofitel-strasbourg.com • 153 Zimmer • €€€

Hôtel de France ▶ S. 116, C 10

Gediegen im Zentrum • Ein exklusiv eingerichtetes Haus in der Innenstadt mit Garage und farblich abgestimmten Zimmern. Ruhige Lage und moderne Ausstattung.
Centre • 20, rue du Jeu-des-Enfants • Tram B, C: Alt Winmärik • Tel. 03 88 32 37 12 • www.bestwestern-hotel-defrance.com • 66 Zimmer • €€€

Maison Rouge ▶ S. 117, D 11

Großstadtflair • Mit prächtig roter Fassade erhebt sich die Maison Rouge in unmittelbarer Nähe des Stadtviertels Petite France. Ausgewähltes Mobiliar und klassisch ein-

gerichtete Räume und Suiten verleihen dem Haus großstädtisches Flair.
Centre • 4, rue des Francs-Bourgeois • Tram A, D: Grand'Rue • Tel. 03 88 32 08 60 • www.maison-rouge.com • 140 Zimmer • ♿ • €€€€

Des Princes ▶ S. 119, D 14

Gediegen nahe der Uni • Vornehm und ruhig liegt dieses gediegene Hotel zwischen Europäischem Parlament und Orangerie-Park im Quartier Allemand Straßburgs.
Allemand • 33, rue Geiler • Tram C, E: Université • Tel. 03 88 61 55 19 • www.hotel-princes.com • 43 Zimmer • €€€

Villa d'Est ♟♟ ▶ S. 113, D 4

Alteuropäischer Charme • Ein ruhig gelegenes, anziehendes Hotel, dessen Zimmer teils rustikal, teils modern ausgestattet sind. Mit nur wenigen Schritten erreicht man das Europäische Parlament und das Konferenzzentrum.
Wacken • 12, rue Jacques Kablé • Bus 10: Place de Pierre • Tel. 03 88 15 06 06 • www.hotel-villa-est.com • 48 Zimmer • €€€

HOTELS €€
Cardinal de Rohan ▶ S. 117, E 11

Elegant, nahe am Dom • Ein prestigebewusstes Haus in der Fußgängerzone unweit der Kathedrale. Aufmerksamer Service, individuell und gediegen eingerichtete Zimmer.
Centre • 17, rue du Maroquin • Bus 10: Corbeau • Tel. 03 88 32 85 11 • www.hotel-rohan.com • 36 Zimmer • €€

Cathédrale ▶ S. 117, E 11

Stilvoll an der Kathedrale • In der Fußgängerzone direkt gegenüber der Kathedrale gelegen. Die Einrichtung ist vornehm und schick und bietet modernen Komfort.
Centre • 12–13, pl. de la Cathédrale • Tram A, D: Grand'Rue • Tel. 03 88 22 12 12 • www.hotel-cathedrale.fr • 47 Zimmer • €€

Au Cerf d'Or ▶ S. 117, E 12

Familiär • Ein schönes, etwas verwinkeltes Fachwerkhaus aus dem 16. Jh. gegenüber dem Stadtarchiv und dem städtischen Krankenhaus mit komfortabel eingerichteten Zimmern.
Finkwiller • 6, pl. de l'Hôpital • Tram A, D: Porte de l'Hôpital • Tel. 03 88 36 20 05 • www.cerf-dor.com • 43 Zimmer • €€

Citadines Strasbourg Kléber ♟♟ ▶ S. 116, C 10

Mit eigener Küche • Sechsstöckiges Apartment-Hotel mit ständig besetztem Empfang und Tiefgarage im Stadtzentrum. 107 geräumige Studios und Suiten bieten eine Schlafcouch sowie eine Küche für zwei bis vier Personen. Außerdem stehen Waschmaschinen zur Verfügung.
Centre • 50–54, rue du Jeu-des-Enfants • Tram A, B, C, D: Homme de Fer • Tel. 03 90 22 47 00 • www.citadines.com • 107 Zimmer • €€

Couvent du Franciscain ▶ S. 117, D 9

Übernachten beim Franziskaner • Das von außen unscheinbare Haus liegt recht ruhig in der Nähe des Zentrums. Die Zimmer sind schlicht ausgestattet und etwas klein. Abschließbarer Parkplatz.
Wacken • 18, rue du Faubourg de Pierre • Bus 10: Place de Pierre • Tel. 03 88 32 93 93 • www.hotel-franciscain.com • 43 Zimmer • ♿ • €€

Du Dragon ▶ S. 117, D 12

Herzlicher Empfang • Im restaurierten Fachwerkhaus aus dem 17. Jh. verbirgt sich eine moderne Innenausstattung. Komfortabel und ruhig gelegen, nahe der »La Choucrouterie« (▶ MERIAN-Tipp, S. 47). Finkwiller • 2, rue de l'Ecarlate • Tram A: Porte de L'Hôpital • Tel. 03 88 35 79 80 • www.dragon.fr • 32 Zimmer • €€

L'Europe ▶ S. 116, C 10

Wo Goethe und Schiller schliefen • Im schönen elsässischen Fachwerkhaus, einer ehemaligen Poststation aus dem 15. Jh., finden sich modern ausgestattete Zimmer und Bäder. Komfortabel und gepflegt. Die Zimmer zur Straße sind etwas laut. Centre • 38, rue du Fossé-des-Tanneurs • Tram A, B, C, D: Homme de Fer • Tel. 03 88 32 17 88 • www.hotel-europe.com • 60 Zimmer • €€

Gutenberg ▶ S. 117, D 11

Einfach mit Charme • Zentral nahe des Gutenberg-Platzes gelegen, mit schön eingerichteten Zimmern im elsässischen Stil. Tipp: Die neu ausgestatteten Privileg-Zimmer in der zweiten Etage kosten ein wenig mehr, bieten aber ein ausgefallenes Design. Altstadt • 31, rue des Serruriers • Tram A, D: Langstross Grand'Rue • Tel. 03 88 32 17 15 • www.hotel-gutenberg.com • 42 Zimmer • €€

Hotel des Arts ▶ S. 117, E 11

Rustikal mit Bild • Das Hotel liegt im historischen Stadtzentrum neben dem Münster. Ein guter Ausgangspunkt für Bootsrundfahrten und Museumsbesuche. Centre • 10, pl. du Marché-aux-Cochons-de-Lait • Bus 10: Corbeau • Tel. 03 88 37 98 37 • www.hotel-arts.com • 24 Zimmer • €€

Kléber ▶ S. 117, D 10

Ungewöhnliches Innendesign • Eine zentralere Lage gibt es in Straßburg nicht. An einem der belebtesten Plätze sind die Zimmer ideenreich und pfiffig eingerichtet. Centre • 29, pl. Kléber • Tram A, B, C, D: Homme de Fer • Tel. 03 88 32 09 53 • www.hotel-kleber.com • 30 Zimmer • €€

Pax ▶ S. 116, B 10

Gutes Preis-Leistungs-Verhältnis • Ganz in der Nachbarschaft des Viertels La Petite France befindet sich dieses kleine Hotel mit angeschlossenem Restaurant und erstklassigem Preis-Leistungs-Verhältnis. Die renovierten Räumlichkeiten sowie das freundliche Personal garantieren einen angenehmen Aufenthalt im Herzen der Stadt. Gare • 24–26, rue du Faubourg-National • Tram B, C: Faubourg National • Tel. 03 88 32 14 54 • www.paxhotel.com • 106 Zimmer • €€

HOTELS €

Centre Ponts Couverts ▶ S. 116, westl. A 12

Freundliches Personal • Großes Hotel in der Nähe der Autobahn, des Bahnhofs und des Flusses Ill. Von hier aus haben Sie einen schönen Blick auf die Altstadt. Centre • 7, rue de Molsheim • Tram B, C: Musée d'Art Moderne • Tel. 0 30 22 48 70 • www.accorhotels.com • 244 Zimmer • ⌖ • €

A la Cruche d'Or ▶ S. 117, E 11

Einfach und sauber • Recht ruhig mitten im Zentrum gelegen mit ge-

Das Hotel Château de l'Ile (▸ S. 13) liegt wunderschön im Grünen und bietet Ruhe suchenden Gästen viel Platz zum Durchatmen.

mütlichem Restaurant, das eine exzellente Küche bietet. Die Zimmer sind schlicht, aber freundlich.
Centre • 6, rue des Tonneliers • Tram A, D: Langstross Grand'Rue • Tel. 03 88 32 11 23 • www.cruchedor.com • 12 Zimmer • €

Esplanade   ▸ S. 119, D 15
Sehr günstig • Ruhiges Hotel außerhalb des Zentrums in der Nähe des Botanischen Gartens mit sehr einfachen Zimmern.
Esplanade • 1, bd. Leblois • Tram C, E: Observatoire • Tel. 03 88 61 38 95 • http://perso.orange.fr/hotel.esplanade • 50 Zimmer • ♿ • €

Hannong   ▸ S. 116, C 10
Charme trifft Design • In der Nähe des Kléber-Platzes, mit klassisch-charmanter Einrichtung und Design-Terrasse. Die Räume nach hinten sind ruhiger.

Centre • 15, rue du 22 Novembre • Tram A, B, C, D: Homme de Fer • Tel. 03 88 32 16 22 • www.hotel-hannong.com • 72 Zimmer • ♿ • €

De l'Ill   ▸ S. 117, F 11
Rauchfrei • Vor wenigen Jahren renoviertes, familienfreundliches Nichtraucherhotel. Guter Service.
Krutenau • 8, rue des Bâteliers • Bus 10: Saint Guillaume • Tel. 03 88 36 20 01 • www.hotel-ill.fr • 26 Zimmer • ♿ • €

Aux Trois Roses ⛄   ▸ S. 118, A 15
Behaglich und freundlich • Am Rande des Stadtviertels Krutenau. Im Haus herrscht eine familiäre Atmosphäre, die Zimmer sind nicht groß, aber komfortabel. Mit Sauna!
Krutenau • 7, rue de Zurich • Bus 10/30: Saint-Guillaume • Tel. 03 88 36 56 95 • www.hotel3roses-strasbourg.com • 32 Zimmer • €

Essen und Trinken

Rustikale Weinstuben locken mit elsässischer Küche, aber auch mit französischer Haute Cuisine. Zum klassischen Menü gehört natürlich einer der hervorragenden Weine aus der Region.

◄ Ein Meister seines Fachs in Aktion:
der Koch des Le Buerehiesel (► S. 23).

»War nit lieb Win, Weib und
G'sang/Der blibt e Narr sin Läwe
lang«, sagen die Elsässer, die Essen
und Trinken zu einer Kunstform
entwickelt haben. Die Grenzland-
Einflüsse bringen sie auf folgenden
Nenner: Die Franzosen essen gut
und wenig, die Deutschen schlecht
und viel und die Elsässer gut und
viel. Allerdings erst ab Mittag, um
sich langsam auf den Höhepunkt am
Abend vorzubereiten.

Das Frühstück, »petit déjeuner«, beschränkt sich auf einen »express«
mit »croissant« oder »pain au cho-
colat«. Auch mittags begnügt man
sich zum »déjeuner« häufig mit einem Gericht »à la carte« oder mit
dem »plat du jour« (Tagesgericht),
der meistens aus Fleisch, Pommes
frites und einer Salatbeilage besteht.
Abends wird es dann gemütlicher:
Man beginnt mit einem Aperitif, einem **Ricard** (Anisschnaps), **Picon**
(elsässischer Likör), Bier mit Oran-
genlikör, **Kir** (Weißwein mit einem
Schuss Johannisbeerlikör) oder Mar-
tini. Die Vorspeise, »hors-d'œuvre«,
soll den Geschmackssinn befriedi-
gen und nicht den Magen füllen, da
reicht eine »salade frisée aux lar-
dons«, Salat mit gebratenen Speck-
stücken, ein paar »escargots«, Schnecken, oder ein Stück Gänseleber.
Das Hauptgericht nennt man im Elsass gern »plat de résistance«. Es besteht aus einem Stück Fleisch mit
Gemüse oder Salatbeilage, zu dem
man sich einen passenden Wein aus-
sucht. Dann kommt der Käse an die
Reihe, und als Nachtisch werden ei-
sig kalte Köstlichkeiten und Torten
angeboten. Der anschließende Di-

gestif, ein Cognac oder Schnaps, hilft
der Verdauung. Zum Abschluss
trinkt man noch einen »express«.

Französische Sitten

In feinen Restaurants folgt nach dem
»hors-d'œuvre« ein kleines Zwi-
schengericht in Form eines exquisi-
ten Fischhappens. Frisches Weißbrot
hingegen gehört zu jeder französischen Mahlzeit, von einfach bis fein.
Das Mittagessen wird zwischen 12
und 14.30 Uhr, das Abendessen, »di-
ner«, zwischen 19 und 22 Uhr serviert. Außerhalb dieser Zeiten bieten
nur wenige Restaurants warme Gerichte an, viele haben am Nachmittag und frühen Abend vorüberge-
hend geschlossen. Für alle Lokale
gelten die französischen Sitten: Es ist
nicht üblich, sich selbst an einen
Tisch zu setzen, auch wenn das Restaurant kaum besucht ist. Man wartet, bis man einen Tisch zugewiesen
bekommt. Bei einer Runde mit mehreren Personen ist es unüblich, ge-
trennt zu bezahlen. Der Ober bringt
eine Rechnung für alle.

Feine Restaurants und rustikale Weinstuben

Man unterscheidet zwischen Restaurants, die von der einfachen Gast-
stube bis zur feinsten Luxusklasse
reichen, und den traditionellen gemütlichen **Weinstuben**, die ursprünglich von den Winzern der Region als Weinausschank eingerichtet
wurden. In diesen rustikalen Gast-
räumen sitzt man häufig an langen
schweren Holztischen zusammen.
Auch wenn die Speisekarten auf typische Regionalgerichte beschränkt
sind, so haben sich viele Weinstuben
mittlerweile zu bekannten Fein-
schmeckerlokalen gemausert.

In den Fachwerkräumen des Le Pont aux Chats (▶ S. 24) speist man traditionelle Gerichte mit Raffinesse. Bei schönem Wetter ist der Innenhof eine lauschige Alternative.

Die Spezialitäten der Region haben sich aus der deftigen und nahrhaften Hausmannskost für die schwer arbeitende Landbevölkerung entwickelt. Franzosen aus anderen Regionen des Landes beurteilen die elsässische Küche deshalb bisweilen mit wohlwollender Herablassung. So erklärt es sich, dass manch ein Franzose in Straßburg, was das Essen betrifft, größere Umstellungsprobleme hat als deutsche Besucher.

Beste Weine zum Menü

Weine aus dem Elsass haben im In- und Ausland einen sehr guten Ruf. Über ein Viertel der Jahresproduktion von etwa 160 Mio. Flaschen wird exportiert, ein Großteil in die Bundesrepublik Deutschland. 90 % der elsässischen Weinproduktion bestehen aus trockenen Weißweinen, und zwar ohne den geringsten Zuckerrest, der in Deutschland den »halbtrockenen« Weinen den milden Geschmack verleiht. Die besten Tropfen aus edlen Rebsorten und ausgesuchten Anbaugebieten tragen die Qualitätsbezeichnung »**Appellation d'Alsace contrôlée**«. Zur einsamen Spitzenklasse gehören die Weine mit der »**Appellation Alsace Grand Cru**«, die den Flascheninhalt als ein streng kontrolliertes Produkt der 50 besten Lagen ausweist. Diese im Jahr 1975 eingeführte Bezeichnung ist auf Gewürztraminer, Pinot Gris, Riesling und Muscat beschränkt. Der Hinweis auf dem Etikett »**mis en bouteille à la propriété**«, Erzeugerabfüllung, ist ebenfalls ein Maßstab für die Qualität und weist auf den Unterschied zum Wein eines Großhändlers (»coopérative«) hin. Die Aufschrift »**Vin d'Alsace**« bedeutet, dass der Wein im Elsass abgefüllt wurde. Elsässischen Wein trinkt man im Allgemeinen »jung«, also nach zwei bis fünf Jahren Lagerzeit. Während die anderen französischen Weine den Namen ihrer Ursprungsregion (Bordeaux, Bourgogne, Côtes du Rhône) tragen, werden sie im Elsass nach der Rebsorte benannt, aus der sie hergestellt wurden.

Preise für ein dreigängiges Menü:

€€€€ ab 60 €	€€ ab 25 €
€€€ ab 40 €	€ bis 25 €

ELSÄSSISCH

Au Renard Prêchant ▸ S. 118, A 15

Nostalgisches Flair • Ein Lokal mit besonderer Atmosphäre, das hauptsächlich von Insidern besucht wird. Was sich hinter dem geschichtsträchtigen Namen »Zum predigenden Fuchs« verbirgt, lassen Sie sich am besten vom Wirt erklären. Ein empfehlenswertes Gericht ist der Zander auf Sauerkraut.
Krutenau • 34, rue de Zurich • Tram A, D: Porte de l'Hôpital • Tel. 03 88 35 62 87 • www.renard-prechant.com • Mo–Fr 12–14, tgl. 19.30–22.30 Uhr • €€€

La Maison des Tanneurs
▸ S. 116, C 11

Klassiker für Sauerkrautgerichte • Die »Gerwerstub« (Gerberstube) ist die erste Adresse für Sauerkrautgerichte. Wenn man rechtzeitig reserviert und in dem gemütlichen Gastraum einen Tisch am Fenster erwischt, hat man zudem einen herrlichen Blick auf die Ill.
La Petite France • 42, rue du Bain-aux-Plantes • Tram B, C: Alt Winmärik • Tel. 03 88 32 79 70 • www.maison-des-tanneurs.com • Di–Sa 12–14 und 19–21.45, im Dez. auch So 12–14 Uhr • €€€

L'Ancienne Douane 👥👥
▸ S. 117, E 11

Speisen im ehemaligen Zollhaus • Großes, häufig von Touristen besuchtes Lokal mit durchgehend warmer Küche von 12–24 Uhr. Ein Brand machte eine komplette Renovierung nötig. Geboten werden traditionelle elsässische Gerichte von Flammekuchen bis Sauerkraut, die auf der herrlichen Terrasse mit Blick über die Ill am besten schmecken.
Centre • 6, rue de la Douane • Tram A, D: Grand'Rue • Tel. 03 88 15 78 78 • www.anciennedouane.fr • tgl. 11.30–14.30 und 18.30–23 Uhr • €€

Théâtre de la Choucrouterie
▸ S. 117, D 12

Essen und lachen • Die Sürkrütstub mit dazugehörigem Theater (▸ MERIAN-Tipp, S. 47) ist das »In«-Restaurant der regionalen Kulturszene. Hier wird bei verschiedenen Sauerkrautgerichten, Theater und Kabarett gelacht und gesungen. Ausgeschenkt wird Fischer, eines der besten Biere der Stadt.
Finkwiller • 20, rue Saint-Louis • Bus 10: St-Thomas • www.theatredela chouc.com • Tel. 03 88 36 52 87 • Di–So 19–22, Di–Fr 12–15 Uhr • €€

La Folie des Pâtes ▸ S. 117, D 11

Nudelgerichte auf elsässisch • Pâtes – Nudelgerichte – bilden den kulinarischen Mittelpunkt in diesem sympathischen Restaurant. Der Küchenzettel eines Mönchs aus dem Jahr 1671 zeugt von der langen Tradition der Elsässer »Nüdeli«.
Centre • 18, rue Sainte-Hélène (hinter dem Kaufhaus Magmod) • Tram A, D: Grand'Rue • www.lafoliedespates.fr • Tel. 03 88 32 85 41 • Di–Sa 12–14 und Di–Mi 19–23 Uhr • €€

Le Maronnier

▶ S. 112, nordwestl. A 1

Tarte auf dem Land • Ein kleiner Ausflug auf das Land? Das gastfreundliche elsässische Traditionshaus etwas außerhalb von Straßburg in Richtung Saverne hat liebevoll eingerichtete Galsträume. Im Hof sitzt man unter Schatten spendenden, alten Kastanienbäumen. Die elsässischen Spezialitäten, insbesondere die flambierte Tarte, sind von ausgezeichneter Qualität.
Stutzheim-Offenheim • 18, route de Saverne, • Tel. 03 88 69 84 30 • So 12–14 und Mo–Sa 19.30–23 Uhr • €€
15 km nordwestl. von Straßburg

Lohkäs

▶ S. 116, C 11

Speisen in Fachwerk • In dem Gastraum mit einem altertümlichen mechanischen Orchester kann man verschiedene Sauerkrautgerichte und Gänseleber nach Hausmacherart probieren. Zu den Spezialitäten gehört der Fasan mit Rosinen. An den Wänden sind alle elsässischen Schnäpse (»eaux de vie«) aufgereiht, es gibt aber auch Bier vom Fass.
Centre • 25, rue du Bain-aux-Plantes • Tram A, D: Grand'Rue • Tel. 03 88 32 05 26 • tgl. 11.30–14.30 und 18.30–22.30 Uhr • €€

A la Tête de Lard

▶ S. 116, C 10

Flammekuchen im Gewölbekeller • Umgeben von der rustikalen Einrichtung lässt man sich verschiedene Regionalgerichte wie Sauerkraut schmecken. Im unteren »caveau« kann man einen ausgezeichneten Flammekuchen bestellen.
Centre • 3, rue Hannong • Tram A, B, C, D: • www.alatetedelard.eu • Tel. 03 88 32 13 56 • Sa mittag und So geschl. • €

Caveau Gurtlerhoft

▶ S. 117, E 11

Dinieren wie die Domherren • Wo früher edle Weine lagerten, dinieren heute die Gäste in einem großräumigen Kellergewölbe. Elsässische Spezialitäten nahe des Münsters. Unbedingt probieren: die Röstis à la carte!
Centre • 13, pl. de la Cathédrale • Tram A, D: Grand'Rue • Tel. 03 88 75 00 75 • www.restaurant-gurtlerhoft.fr • tgl. 11.30–14 und 18.30–22 Uhr • €

La Cruche d'Or

▶ S. 117, E 11

Familiäre Atmosphäre • Angenehmes Lokal mit regionalen Spezialitäten. Bei Stammgästen sehr beliebt ist Zanderfilet mit Estragon.
Centre • 6, rue des Tonneliers • Bus 10: Courbeau • www.cruchedor.com • Tel. 03 88 32 11 23 • Mo–Sa 12–14 und 19–22 Uhr • €

La Petite Mairie

▶ S. 117, E 10

Einfach gut • Hier treffen sich nicht nur Rathausangestellte mit gesundem Appetit. Besonders beliebt sind die deftigen Sauerkraut-Gerichte mit Landkartoffeln. Die Bedienung berät gern über den passenden Wein.
Centre • 8, rue Brûlée • Tel. 03 88 32 83 06 • Tram B, C: Broglie • Mo–Fr 12–14 und 18.30–22.30 Uhr • €

Le Flam's 👤👤

▶ S. 117, F 11

Reichlich günstig • Ideal für junge Familien mit schmalen Brieftaschen und großem Appetit. Das kinderfreundliche Lokal gehört zu einer kleinen Restaurant-Kette, die auch in Süddeutschland Filialen führt. Es ist einfach eingerichtet, aber die Preise für einen delikaten Flammekuchen schonen das Budget.
Centre • 29, rue des Frères • Tram B, C: Broglie • www.flams.fr • Tel. 03 88 36 36 90 • tgl. ab 11.30 Uhr • €

Pomme de Terre et Compagnie
▶ S. 117, E 11

Kartoffeln satt • Der Gastraum ist klein, fein – und meist gut gefüllt. Geboten werden die verschiedensten Variationen an Kartoffelgerichten. Sowohl Vegetarier als auch Gäste, die Fleisch bevorzugen, kommen auf ihre Kosten.
Centre • 4, rue de l'Écurie (beim Alten Zollhaus) • Tram A, D: Grand'Rue • www.pommes-de-terre-cie.com • Tel. 03 88 22 36 82 • tgl. 12–14 und 19–23 Uhr • €

FISCHRESTAURANTS

L'Alsace à Table
▶ S. 117, D 11

Fisch auf elsässisch • Eine Institution für Liebhaber von Fischgerichten. Im Gastraum kann man einen Hummer im Wasserbecken selbst aussuchen. Unbedingt zu empfehlen ist frischer Lachs auf Sauerkraut. Doch auch die elsässischen Fleischspeisen sind von Alain Diebold und seinem Team mit viel Fingerspitzengefühl zubereitet und munden besonders gut mit einem Vin d'Alsace.
Centre • 8, rue des Francs-Bourgeois • Tram A, D: Grand'Rue • Tel. 03 88 32 50 62 • www.alsace-a-table.fr • tgl. 12–14.30 und 19–23 Uhr • €€€

La Cambuse
▶ S. 116, C 11

Spitzenklasse östlich von Paris • Die Speisekarte ist ebenso klein und fein wie der holzgetäfelte Gastraum, der an die Kapitänskajüte eines noblen Segelschiffs erinnert. Fischsuppe, Aalsalat und Lachsfilet mit französisch-asiatischer Anmutung schmecken köstlich. Die Weinkarte bietet dazu erlesene Tropfen. Unbedingt vorab reservieren!
La Petite France • 1, rue des Dentelles, Tram A, D: Grand'Rue • Tel. 03 88 22 10 22 • Di–Sa 12–14.30 und 19–22.30 Uhr • €€€

La Cloche à Fromage
▶ S. 117, E 11

Käse, Käse, Käse! • Über 200 französische Käsekompositionen erwarten die Gäste im von René Tourette geführten Restaurant. Raclettes und Käsefondues stehen ebenso auf der Speisekarte wie Fleisch- und Fischgerichte – natürlich mit Käse. Kunden, die angesichts der Vielfalt etwas überfordert sind, werden freundlich und sachkundig beraten.
Centre • 27, rue des Tonneliers • Tram A, D: Grand'Rue • www.cheese-gourmet.com • Tel. 03 88 23 13 19 • Mo–Sa 12–13.45 und 19–22 Uhr • €

FRANZÖSISCH

Au Crocodile
▶ S. 117, D 10

Für Feinschmecker • 2009 übernahm Philippe Bohrer das traditionsreiche und preisgekrönte Restaurant mit dem ägyptischen Krokodil an der Fassade. Auch ihm gelingt es wie schon seinem Vorgänger Emile Jung, eine gelungene Kombination feinster Köstlichkeiten aus Nouvelle Cuisine und gehobener französischer Küche bei perfektem Service zu präsentieren.
Centre • 10, rue de l'Outre • Tram B, C: Broglie • Tel. 03 88 32 13 02 • www.au-crocodile.com • Di–Sa 12.30–13.30 und 19.30–21.30 Uhr • €€€€

Le Buerehiesel
▶ S. 119, F 13

Höchste Qualität • Dieses erlesene Restaurant in einem Bauernhaus aus dem Jahr 1607 liegt mitten im herrlichen Parc de l'Orangerie. Jeder Gast, ob Europaparlamentarier, Straßburger oder Tourist, wird mit größter Aufmerksamkeit bedient und beraten. Serviert werden feinste Fisch-

und Fleischspeisen aus der Küche von Eric Westermann.

Orangerie • 4, parc de l'Orangerie • Bus 30: Palais de L'Europe • Tel. 03 88 45 56 65 • www.buerehiesel.fr • Di– Sa 12–13.30 und 19.30–21.30 Uhr • €€€€

Le Pont aux Chats ▶ S. 118, A 15

Entspannte Atmosphäre • Zahlreiche Katzenskulpturen und -zeichnungen machen dem Namen des Lokals alle Ehre. Ein Geheimtipp mit lauschigem Innenhof: Die Küche bietet traditionelle Gerichte, die dabei auf manchmal ungewöhnliche, aber stets schmackhafte Weise verfeinert werden. Das gilt für den Lachs auf Sauerkraut ebenso wie für den Apfel-Pflaumen-Strudel.

Krutenau • 42, rue de la Krutenau • Bus 10: Saint Guillaume • Tel. 03 88 24 08 77 • Sa mittags und Mi geschl. • €€€

Maison Kammerzell ▶ S. 117, E 11

Klassiker in Bestform • Der Besitzer Guy-Pierre Baumann hat dieses historische Schmuckstück zu einem besonderen Feinschmecker-Restaurant auf drei Etagen gemacht. Eine steinerne Renaissance-Wendeltreppe führt zu den historischen Speisesälen mit bewundernswerten Fresken. Beliebt ist Sauerkraut mit Wurst- und Fleischbeilagen, wobei das Sauerkrautgericht mit Fisch als besondere Spezialität gilt. Hier treffen sich sowohl Elsässer, die wichtigen Anlässen eine festliche Note verleihen möchten, als auch Touristen. An schönen Sommertagen genießt man auf der Terrasse den Blick auf das Münster.

Centre • 16, pl. de la Cathédrale • Tram A, D: Grand'Rue • www.maison-kammerzell.com • Tel. 03 88 32 42 14 • tgl. 12–14 und 19.30– 23 Uhr • €€€

Sich in der Maison Kammerzell (▶ S. 24) an traditionellen Gerichten satt zu essen ist kein Problem – sich an den herrlichen Fresken sattzusehen ist dagegen kaum möglich.

Zuem Ysehuet ▶ S. 114, C 8

Romantisch im Innenhof dinieren • Das von außen unscheinbare Restaurant liegt versteckt direkt an der Ill und besticht durch seine feine Küche. Auch das Interieur kann sich sehen lassen: Der Innenraum ist geschmackvoll eingerichtet, Weinlaub rankt sich um die Mauern, eine schöne Terrasse lädt zu einem romantischen Essen mit regional ausgerichteter klassischer Küche ein.
Wacken • 21, quai Mullenheim • Bus 2: Dordogne • www.zuem-ysehuet.com • Tel. 03 88 35 68 62 • So geschl. • €€€

WUSSTEN SIE, DASS ...

... der angesehene Elsässer Maler Léo Schnug, der 1904 die beeindruckenden Fresken im Haus Kammerzell schuf, vereinsamt und alkoholkrank in der Psychiatrie in Brumath verstarb?

Au Coq Blanc ▶ S. 115, östl. F 5

Essen unter Diplomaten • Nicht weit vom Europarat entfernt genießen die Gäste frisch zubereitete internationale Gerichte sowie einige elsässische Spezialitäten in bester Qualität. Die Bedienung ist aufmerksam, und die Weine sind ausgezeichnet. Besonders schön kann man im Garten speisen.
Robertsau • 9, rue Mélanie • Tram E: Robertsau Boecklin • www.au-coq-blanc.fr • Tel. 03 88 41 87 77 • Di–So 12–14 und Di–Sa 19–22 Uhr • €€

La Vieille Tour ▶ S. 116, B 11

Kreativ zubereitete Speisen • Neu und frisch zubereitete saisonale Küche aus lokalen Produkten wird im »Alten Turm« in unmittelbarer Nähe zu La Petite France zubereitet.
Centre • 1, rue Adolphe Seyboth • Tram B, C: Faubourg National • Tel. 03 88 32 54 30 • Di–Sa 12–14 und 19–22.30 Uhr • €€

La Crêpe Gourmande
▶ S. 117, E 11

Bretonische Spezialitäten • Die bretonischen Crêpes mit Fleisch-, Gemüse- oder Käsefüllung sind bei dem überwiegend jugendlichen Publikum sehr beliebt. Als Begleitgetränk empfiehlt sich ein Cidre, als Dessert werden Crêpes mit frischen Früchten gereicht.
Centre • 11, rue des Tonneliers • Tram A, D: Grand'Rue • Tel. 03 88 22 12 82 • So und Mo Mittag geschl. • €

INTERNATIONAL

Le Maharaja ▶ S. 117, E 11

Indische Spezialitäten • Das traditionelle indische Restaurant serviert schön scharfe Spezialitäten. Wer eine Entscheidungshilfe möchte, kann die Gerichte als Vorspeisen-Häppchen erst einmal durchprobieren.
Krutenau • 15, quai des Bâteliers • Bus 10: Courbeau • www.maharaja.fr • Tel. 03 88 37 31 10 • tgl. 18.30–23, Mi–So 11.30–14 Uhr • €€

Au Cèdre ▶ S. 118, A 16

Libanesische Küche • Libanesische Spezialitäten erwarten Sie im gastfreundlichen Restaurant in der Nähe der Universität. Im Sommer sitzt man auf einer schönen Terrasse, donnerstags und samstags gibt es orientalischen Tanz.
Krutenau • 1, rue du St-Gothard • Bus 30: Krutenau • www.au-cedre.com • Tel. 03 88 25 14 69 • Sa, So mittag geschl. • €

La Case de l'Isle Bourbon
▶ S. 116, C 10

Kreolisch an der »Langstross« • Die Spezialitäten der Insel La Réunion munden auch in Straßburg vorzüglich. Cari, Rougail oder Massalé? Die Fisch, Rind- und Schweinefleisch-

Der Flammekuchen gehört zum Elsass wie der Speck zum Brotteig.

gerichte sind zart, scharf oder süß-säuerlich gewürzt. Auch die Cocktails sind lecker.
Centre • 34, Grand'Rue • Tram A, D: Grand'Rue • Tel. 03 88 32 60 93 • Mi–Sa 12–14 und Mi–So 18.30–23 Uhr • €

CAFÉS/BISTROS
Café Atlantico
▶ S. 118, A 14

Entspannen auf der Ill • Am Quai des Pêcheurs hat das kleine Bootscafé angelegt. Die Stimmung ist behaglich, das Publikum während des Semesters studentisch.

Krutenau/Université • Quai des Pêcheurs • Tram C, E: Gallia • www.cafe-atlantico.net • tgl. bis 24 Uhr

Café Brant
▶ S. 118, B 14

Kaffeehausstimmung • Im Jahr 1880 als Teil der damaligen »Neuen Stadt«, heute »Quartier Allemand«, erbauten Gebäude treffen sich Studenten und Zeitungsleser. Frisch gepresster Orangensaft und guter Kaffee werden im Sommer auf der Terrasse serviert.
Université/Allemand • 11, pl. de l'Université • Tram C: Gallia • www.cafe-brant.com • tgl. bis 20 Uhr

La Corde à Linge
▶ S. 116, C 12

Im Herzen von La Petite France • Ob Sie nur einen Café au lait auf dem schönsten Platz des Viertels trinken wollen oder eine Kleinigkeit essen, die gelungene Kombination aus Café, Brasserie und Restaurant bietet in legerer Atmosphäre stets einen geeigneten Ort zum Verweilen, Beobachten und Entspannen.
La Petite France • 2 pl. Benjamin Zix • Tram A, D: Grand'Rue • www.lacorde alinge.com • tgl. 10.30–24 Uhr

La Tinta
▶ S. 116, C 12

Wie aus einer anderen Zeit • Das kleine, charmante Café liegt unscheinbar in Petite France. Kleine Ausstellungen, gelegentlich treten Künstler auf. Ausgezeichneter Kaffee und ein preiswertes Mittagsmenü.
La Petite France • 36, rue du Bain-aux-Plantes • Tram A, D: Grand'Rue • Di–Sa 10–18 Uhr

Le Roi et son Fou
▶ S. 117, E 11

Großstadtflair im Hinterhof • Das Café/Brasserie liegt etwas versteckt in der Nähe des Münsters. Das Lokal

mit Pariser Flair wird von Individualisten gern besucht, ist jedoch auch beliebt bei der Lokalprominenz aus Medien und Politik.
Centre • 37, rue du Vieil-Hôpital • Tram A, D: Grand'Rue • Mo–Sa 8–20, So 9–20 Uhr

Pâtisserie Christian 🍴🍴

▶ S. 117, E 11

Gebäck vom Feinsten • Die Auswahl an selbst gemachtem Kuchen, Gebäck, zarter Schokolade oder Eis ist groß. Zudem lässt sich der Bäckermeister immer etwas Neues einfallen. Die Croissants sind delikat. Die Außenplätze des Cafés liegen in der belebten Fußgängerzone mit Blick auf das Münster. Eine zweite Filiale befindet sich in 12, rue de L'Outre.
Centre • 10, rue Mercière • Tram A, D: Grand'Rue • www.christian.fr • Mo–Sa 7.30–18.45 Uhr

Pâtisserie Winter ▶ S. 116, C 10

Qualität aus Tradition • Diese Konditorei, die auch kleine Mittagsmahlzeiten anbietet, ist ein idealer Treffpunkt nach dem Einkaufsbummel und für Geschäftsleute während der Mittagspause. Ein Besuch lohnt sich allein wegen der traditionell elsässischen Inneneinrichtung.
Centre • 25, rue du 22 Novembre • Tram A, B, C, D: Homme de Fer• www.patisserie-winter.fr • Mo–Sa 8–19 Uhr

WEINSTUBEN
Au Coin des Pucelles

▶ S. 117, F 10

Typisch elsässisch • Eine kleine, traditionsreiche Weinstube, in der sich Künstler und Theaterleute gern sehen lassen. Unglaublich, was die winzige Küche hervorbringt.

Centre • 12, rue des Pucelles • Bus 11, 21, 24, Tram B, C, E: République • Tel. 03 88 35 35 14 • Mo–Sa 18.30–1 Uhr • €€

Au Pont du Corbeau ▶ S. 117, E 12

Weinstube mit Charakter • Allein die Einrichtung mit kunstvoll holzgetäfelten Wänden ist einen Besuch wert. Die regionalen Spezialitäten wie Kartoffelpuffer (Grummbeerekichle) und andere deftige Hausmannskost wurden geschmacklich verfeinert, und das Angebot an passenden Weinen zeugt von großem Sachverstand.
Krutenau • 21, quai Saint-Nicolas • Bus 10, 14, 24, Tram A, D: Porte de l'Hôpital • Tel. 03 88 35 60 68 • So–Fr 19.30–22, Mo–Fr 12–14 Uhr • €

Chez Yvonne ▶ S. 117, E 10

Nahe der Kathedrale • Das ehemals »Burjerstuewel« genannte Lokal war viele Jahre eine Institution. Die Chefin Yvonne Haller hörte auf, doch ihr Vorname blieb, als die Familie Valmigère die Weinstube übernahm. Es ist ihr gelungen, Stil und Charme des Lokals zu bewahren.
Centre • 10, rue du Sanglier • Bus 11a, 21, 24 • Tram B, C: Broglie • www.chez-yvonne.net • Tel. 03 88 32 84 15 • tgl. 12–14.15 und 18–24 Uhr • €€

S'Muensterstuewel 🍴🍴

▶ S. 117, E 11

In der ehemaligen Metzgerei • In dieser urigen kleinen Weinstube am Musée Historique in der Nähe der Kathedrale stehen traditionelle elsässische Gerichte auf der Karte.
Centre • 8, pl. du Marché-aux-Cochons-de-Lait • Tram A, D: Grand' Rue • Tel. 03 88 32 17 63 • So, Mo geschl. • €€

grüner
reisen

Wer zu Hause umweltbewusst lebt, möchte dies vielleicht auch im Urlaub tun. Mit unseren Empfehlungen im Kapitel grüner reisen wollen wir Ihnen helfen, Ihre »grünen« Ideale an Ihrem Urlaubsort zu verwirklichen und Menschen zu unterstützen, denen ein verantwortungsvoller Umgang mit der Natur am Herzen liegt.

Umwelt und Kultur

Straßburg rückte Mitte der 1990er-Jahre in den Medien als umweltbewusste Stadt am Rhein in den Fokus, als die futuristisch anmutenden Straßenbahnen ihren Dienst (wieder-)aufnahmen. Und zu Recht! Straßburg leistete und leistet Pionierarbeit, was zeitgemäße, umweltbewusste und ästhetische Fortbewegung angeht. Auch nach 15 Jahren steigen Einheimische wie Gäste gern in die modernen und lichtdurchfluteten Niederflurwagen, die sie sauber, leise und schnell zu ihrem Ziel befördern. Die Tramlinien werden konsequent weiter ausgebaut, in wenigen Jahren wird auf diese Weise auch die Nachbarstadt Kehl östlich des Rheins in wenigen Minuten umweltfreundlich und unkompliziert erreicht werden. Europa wächst zusammen. Doch die grünen Ideale der Stadt hören beim Nahverkehr nicht auf, ein Klimaplan sieht unter anderem vor, die Emmisionswerte bis 2015 zu halbieren. Die Überlegungen reichen von Renovierungen kommunaler Wohnungen über das Verbot von Pestiziden auf Grünanlagen bis hin zur Konzeptentwicklung, wie das Essen in den 38 Schulkantinen ökologisch und gesundheitlich verbessert werden kann. Es tut sich was in Straßburg!

ESSEN UND TRINKEN
Une Fleur des Champs

▶ S. 117, E 10

Bewusst und genussvoll essen steht im Mittelpunkt des von außen eher unscheinbaren Restaurants mit Ladengeschäft in der Nähe der Place Broglie. Lasagne, Gemüsepfannkuchen, Wildfisch – günstige und zugleich leckere Tagesgerichte stehen auf der Speisekarte des Bio-Restaurants. Vor oder nach einem Essen können Sie hier biologisch hergestellte Waren kaufen, etwa Bio-Obst und -Gemüse aus dem Elsass, Nudeln und Öle oder italienische Oliven. Essen als bewusster Akt, der Vertrauen und Respekt gleichermaßen bedarf, so sehen es die jungen Köche des Hauses. Und zum Bewusstsein gehört auch der sozialpolitische Einsatz für gesündere Ernährung sowie für einen respektvollen Umgang mit Tieren und Pflanzen. Broschüren online und offline werben für gesündere Ernährung, bei Infoabenden mit Film diskutiert man den richtigen Umgang mit »Lebens-Mitteln«. Hinzu kommt eine entspannte und angenehme Atmosphäre. Man trifft interessante Menschen und Familien, oft jung und studentisch ob der günstigen Preise. Alles ist frisch, von hoher Qualität und vom talentierten jungen Küchenchef lecker und günstig auf den Tisch gebracht. Alles bio!
Centre • 4, rue des Charpentiers • Tram B, C: Broglie • Tel. 03 90 23 60 60 • www.restaurant-naturel-et-biologique-67.com • €

EINKAUFEN
Boutique Ekyog

▶ S. 117, E 10

»Au top de la bio-tittude« – Ekyog gilt als eines der führenden Modehäuser von Prêt-à-porter-Bio-Kleidung. Ökologisches Verantwortungsbewusstsein paart sich in den Boutiquen der Kette mit weiblicher Lässigkeit. Schlichtheit und Bewegung, aber auch der Wunsch nach Einzigartigkeit charakterisieren den Stil. Eine eigene Charta schreibt fest, dass sämtliche Ausgangsmaterialien ökologisch hergestellt sein müssen. So darf nur von unabhängigen Organisationen zertifizierte Baumwolle zur Produktion der Modelinien verwendet werden. Diese strengen Richtlinien gelten sowohl für die Produktion als auch für den Transport und die Färbeprozesse. Ein weiteres Versprechen motiviert zusätzlich zum Einkauf: 10 % des Gewinns gehen an eine hauseigene Organisation, die sich für soziale und ökologische Projekte rund um das Thema Kleidung in aller Welt einsetzt.
Centre • 2, rue des Juifs • Tram B, C: Broglie • Tel. 03 88 32 61 27 • www.ekyog.com

Le Serpent Vert

▶ S. 118, C 15

Ein Supermarkt, dessen Name auf Goethes »Märchen von der grünen Schlange« beruht, findet sich ganz in der Nähe des Universitätscampus. Die Filiale der kleinen Elsässer Bio-Supermarktkette mit Geschäften in Schiltigheim, Sausheim und Haguenau bietet auf 300 wohlorganisierten qm taufrisches Obst und Gemüse aus regionalem ökologischen Anbau sowie ein reichhaltiges Sortiment an Bio-Lebensmitteln. Den Besitzern der Ladenkette geht es aber nicht nur um hochwertige Ware, Qualität bedeutet für sie ebenso die Lebens- und Arbeitsqualität der Mitarbeiter und die menschlichen Beziehungen zu den 500 Lieferanten. Menschlichkeit und Vertrauen waren auch zentrale Aspekte bei der Gründung der Kaufläden durch Jean Cousquer, seiner Frau Sylviane und seinem Bruder Bruno. So wollen sie auch die Aufgabe ihrer Märkte im Sinne von Goethe verstanden wissen: Es gilt eine Brücke zwischen sinnlicher und geistiger Welt zu bauen.

Université • 37, blvd. de la Victoire • Tram C, E: Université • www.serpent vert.com • Mo 15–19, Di–Fr 10–13 und 16–19, Sa 9–13 Uhr

Péniche Bacchus/Vino Strada

Eine Weinstube der etwas anderen Art bietet das gut am Ufer der Ill vertäute zweistöckige Flussboot, in welcher sich die Péniche Bacchus befindet. Hier können Sie in gepflegter und entspannter Atmosphäre unter 1000 Weinen auswählen und in der stets gut besuchten Weinbar bei leichtem Essen einen gepflegten Abend verbringen. Wer festen Boden unter den Füßen vorzieht, geht zum nur einige Schritte entfernten Ladengeschäft von Vino Strada in einem typisch elsässischen Haus aus dem Jahr 1569. Für freundlichen Empfang und qualifizierte Beratung sorgen sowohl an Land als auch auf dem Wasser Kellermeisterin Isabelle Kraemer und ihr Geschäftspartner Stéphn Maure. Beide haben den Kontakt zu den Weinbaugebieten ihrer elsässischen Heimat behalten und streben langfristig danach, dem Elsass ein einheitlicheres und unverkennbares Profil zu verschaffen – ähnlich wie andere Weinanbaugebiete wie etwa die Champagne vor ihnen.

– Péniche Bacchus: Université • Quai des Pêcheurs • Tram C, E: Gallia • Tel. 03 88 36 65 78 • Di, Mi 17–24, Do–Sa 17–1 Uhr ▶ S. 118, A 15
– Vino Strada: Krutenau • 20, rue des Bouchers • Tram A, D: Porte de l'Hôpital • Tel. 03 88 36 87 14 • www.vino strada.com • Di–Do 10–12.30 und 14–19, Fr 10–19.30, Sa 10–19 Uhr ▶ S. 117, E 12

FESTE UND EVENTS

Summerlied ▶ S. 93, c 2

Sprachen, Kulturen und Traditionen treffen alle zwei Jahre auf vier Bühnen an vier Tagen in einem Wald in Ohlungen bei Hagenau aufeinander. Lieder, Musik, Erzählungen, Gedichte aus dem Elsass von deren namhaftesten elsässischen Künstlern sowie Gruppen aus anderen Regionen der Welt – beim Festival Summerlied verbindet sich ressourcenbewusstes Denken und Bewahrung von Kultur aufs Trefflichste. Nachhaltige Entwicklung spielt eine zentrale Rolle bei der Organisation dieses Großereignisses. Dies drückt sich menschlich durch die respektvolle Haltung gegenüber anderen Kulturen aus, sozial durch die Tatsache, dass bei einem großen Teil der Veranstaltungen freier Eintritt gewährt wird. Der Ohlunger Wald, in dem die Veranstaltung stattfindet, bildet für sich eine Umgebung, deren Erhalt und Schutz während der Veranstaltung oberste Priorität hat. Energiereduktion durch optimale Ausrüstung, Ressourcenschonung durch wiederverwertbare Becher und Teller, Umweltschonung durch gut organisierte Mülltrennung. Viele gute zusätzliche Gründe, sich zu den Musikgruppen, Kabarettisten, Comedians, Workshops und Tanzveranstaltungen, Informationsständen und einem Kinderprogramm auf den Weg in den Wald zu machen. •

Ohlungen bei Hagenau • 4, rue du Général de Gaulle, 67590 Schweighouse-sur-Moder • Tel. 03 88 07 29 66 • alle zwei Jahre Mitte Aug. • www.summerlied.org

AKTIVITÄTEN

Vélocation

Straßburg ist dabei, sein Fahrradnetz kontinuierlich auszubauen. Dieses um-

Das Festival Summerlied (▶ S. 30) im Wald von Ohlungen hat sich vor allem der elsässischen Kultur, aber auch einem respektvollen Umgang mit der Natur verschrieben.

fasst mittlerweile über 300 km Fahrradwege. Zugleich sind die Autostraßen im Innenstadtbereich im Rahmen des Ausbaus der Tramstrecken rückgebaut worden, teilweise zu Einbahnstraßen geworden. Gute Voraussetzungen, um sich innerhalb der Stadt umweltgerecht per Fahrrad zu bewegen. Wieso also nicht den Weg zum Europäischen Viertel mit dem Rad zurücklegen? Die Wege entlang der Ill sind ruhig, und Sie können überdies auf leisen Rädern durch den Parc de l'Orangerie fahren! Das Ausleihen von Fahrrädern ist aufgrund der genannten Verbesserungen beliebter geworden, auch bei Besuchern der Stadt. Ein Trend, den »Vélocation« aufgegriffen hat. Mit Unterstützung der Stadtgemeinschaft von Straßburg (Communauté Urbaine de Strasbourg) wurde neben der ökologischen Ausrichtung dem Verein eine soziale Komponente hinzugefügt, indem dieser als Non-Profit-Unternehmen jungen Menschen Erfahrungen im Bereich Fahrrad und Service vermittelt. Es werden verschiedene Tarife angeboten, vom halben Tag bis zum Jahresvertrag. Für einen Tag kostet ein Rad mit Gepäcktaschen und Schloss ca. 8 €. Witziges Angebot – leider nur bei Gruppenmieten verfügbar: ein Fahrrad mit Audio-Navigationssystem auf dem Lenker.

Vélocation hat zwei Standorte:
– am Bahnhof: Gare • La Grande Verrière, Pl. de la Gare • Tram A, C, D, Bus 2, 10: Gare Centrale • Mo, Fr 7–20, Di–Do 8–19, Sa, So 9.30–12.30 und 13.30–19, im Winter am Wochenende bis 17 Uhr ▶ S. 116, A 10
– in der Nähe des Münsters: Centre • Rue des Bouchers • Tram A, D: Porte de l'Hôpital • tgl. 9.30–12.30 und 13.30–19, im Winter bis 17 Uhr ▶ S. 117, E 12

Einkaufen
Straßburg ist eine erstklassige Adresse für Feinkost, raffinierte Mode und erlesene Antiquitäten. Aber auch Buchliebhaber finden in der Gutenberg-Stadt interessante Angebote.

◄ Ein Besuch des Wochenmarktes am Boulevard de la Marne (► MERIAN-Tipp, S. 38) ist ein Erlebnis für alle Sinne.

Frankreich ist als Einkaufsland vergleichsweise teurer als Deutschland, und in Straßburg hat darüber hinaus der Status als Europastadt eine preisfördernde Wirkung. Preisbewusste Elsässer fahren deshalb zum Großeinkauf auf die deutsche Rheinseite, qualitätsbewusste Reisende aus deutschsprachigen Ländern hingegen finden in Straßburg ein hervorragendes Angebot an **Spezialitäten aus Küche und Keller**. Fachgeschäfte bieten ausgezeichnete französische und elsässische Weine, edle Champagnermarken, alten Cognac und die verschiedensten Weinbrände. Feinste Fleisch- und Wurstpasteten und leckere »amuse-gueules«, Appetithappen, gibt es in den »charcuteries« bzw. »boucheries«, den Fleischwarenhandlungen, die eher deutschen Delikatessenläden entsprechen und deren Angebot in der Vorweihnachtszeit besonders reichhaltig ist. Die Qual der Wahl hat man an den meterlangen Käsetheken großer Supermärkte und kleiner »fromageries«. Frische Trüffel, Pralinen und Schokoladen aus eigener Herstellung bieten die »chocolatiers« bzw. »confiseurs«, und auch das tägliche Angebot an Obst und Gemüse ist von bester Qualität.

Fündig wird man beim Einkaufsbummel auf der Suche nach elsässischem **Kunsthandwerk**. Da gibt es schön ziselierte Weingläser, bemaltes Porzellan und Antiquitäten wie Bauerntruhen und andere ansehnliche Möbel. Was **Mode** betrifft, so können Sie sich in Straßburg von Kopf bis Fuß in Haute Couture einkleiden: Chanel, Guy Laroche, Louis Féraud, Rodier, Hermès … Die atemberaubenden Stoffe und die wunderbare Verarbeitung trösten anschließend über die gähnende Leere im Portemonnaie hinweg.

Bummeln rund ums Münster

Da jedoch schon die Abwechslung vom gewohnten Warenangebot den halben Spaß des Einkaufens ausmacht, orientiert man sich am besten erst einmal beim Bummel durch die Einkaufsstraßen in der Fußgängerzone rings um das Münster. Die Rue du Dôme, Rue des Hallebardes und Rue des Orfèvres sind die wichtigsten Geschäftsstraßen. Im Prinzip liegen die meisten Einzelhandelsgeschäfte im Stadtzentrum zwischen der Place Broglie, dem Münster, der Place Kléber und der Place Gutenberg mit allen Verbindungsstraßen. Dort findet man auch die großen Warenhäuser Printemps, Lafayette und FNAC/Maison Rouge. An regnerischen Tagen kann man stundenlang durch das weitläufige Einkaufszentrum **Centre Halles** oder das neue **Rivétoile** flanieren.

Die Einzelhandelsgeschäfte sind gewöhnlich werktags (auch samstags) von 9–12 und von 14.30–18 oder 19 Uhr geöffnet, Einkaufszentren und Supermärkte meistens durchgehend von 9–19 oder 20 Uhr, samstags bis 18 Uhr. Montagvormittags haben viele kleine Geschäfte geschlossen, in den Außenbezirken Straßburgs teilweise auch am Mittwochnachmittag.

ANTIQUITÄTEN

Einige Läden haben sich auf regionales Kunsthandwerk spezialisiert:

MERIAN-Tipp

CAVE HISTORIQUE DES HOSPICES DE STRASBOURG
▶ S. 117, E 12

In diesem mittelalterlichen Weinkeller des Städtischen Krankenhauses reifen erlesene Tropfen in historischen Eichenfässern. Man kann das kühle Kellergewölbe besichtigen und im Shop Weine aus dem Elsass und anderen Regionen kaufen. Die Führungen geben Einblick in die Geschichte der Gewölbe und über die Restaurierung der 60 Fässer. Der älteste trinkbare Wein des Kellers ist ein goldgelber Weißwein aus dem Jahr 1472. Finkwiller • 1, pl. de l'Hôpital • Tel. 03 88 11 64 50 • Tram A, D: Porte de l'Hôpital • www.vins-des-hospices-de-strasbourg.fr • Mo–Fr 8.30–12 und 13.30–17.30, Sa 9–12.30 Uhr • Eintritt frei, Gruppen mit Führung nach Anmeldung gebührenpflichtig

Chenkier Antiquité ▶ S. 116, C 12

Das von André Chenkier geführte Geschäft ist eine Fundgrube für Kenner hochwertiger Stilmöbel und Gemälde aus dem 18. und 19. Jh. Finkwiller • 18, rue des Glacières • Bus 10: Hôtel du Département

Pfirsch ▶ S. 117, D 10

In der Nähe des Verlagsgebäudes der elsässischen Tageszeitung »Dernières Nouvelles d'Alsace« (DNA) gelegen, findet sich elsässische Regionalkunst, darunter Porzellan, Fayencen und Stiche. Centre • 20, rue de la Nuée-Bleue • Tram B, C: Broglie

BIER

Le Village de la Bière ▶ S. 117, F 10

In dieser Bier-Boutique werden zwischen 300 und 400 Biersorten aus verschiedensten Ländern wie Frankreich, Deutschland, Belgien und dem Rest der Welt angeboten. Centre • 22, rue des Frères • Tram C: Galla

BÜCHER

Ancienne Librairie Gangloff
▶ S. 117, E 11

Antiquarische, aber auch neue Bücher über das Elsass . Centre • 20, pl. de la Cathédrale • Tram A, D: Grand'Rue

Librairie Bildergarte ▶ S. 117, D 11

Ein Fundgrube für Freunde der »neunten Kunst«, wie die im Deutschen etwas abwertend als Comics bezeichneten Bilderbücher in Frankreich eingeordnet werden. In der Buchhandlung nahe der Place Gutenberg finden sich neben Mangas vorwiegend anspruchsvolle »Bandes dessinées« (frankobelgische Comics). Centre • 27, rue des Serruriers • Tram A, D: Grand'Rue

Librairie Kléber ▶ S. 117, D 10

Eine der führenden Buchhandlungen Straßburgs, auch mit deutschsprachigen Büchern. Zahlreiche Lesungen und Literaturveranstaltungen machen Kléber zu einer wichtigen Adresse für literarisch Interessierte. Centre • 1, rue des Francs-Bourgeois (Nähe pl. Kléber) • Tram A, D: Grand'Rue

Quai des Brumes ▶ S. 117, D 11

Der ideale Buchladen zum Stöbern und Verweilen liegt in einer der schönsten Straßen Straßburgs.

Centre • 120, Grand'Rue • Tram A, D: Grand'Rue

DELIKATESSEN

Hierzu zählen Käse- und Fleischpasteten »tourte au fromage« oder »à la viande«, Hechtbällchen »quenelles au broche«, Räucherlachs »saumon fumé« oder Lachs im Blätterteig »en croute«, Schnecken »escargots«, Muscheln »coquilles St.-Jacques«, Schinken im Teig »jambon en croute« sowie Pilzragout »ragout de champignons«.

Gross ▸ S. 116, C 9

Seit 1979 ist das Spezialitätengeschäft an der Place des Halles zu finden. Hier gibt es Croissants, Brioches, Pralinen und natürlich eine große Auswahl an elsässischen Delikatessen, die sich hervorragend als kleine Mitbringsel eignen.
Gare • 24, pl. des Halles • Tram A, D: Ancienne Synagogue Les Halles

Kirn ▸ S. 117, D 10

Der Name bürgt seit 1904 für Qualität. Angeschlossen an den Laden ist ein Restaurant im ersten Stock mit Frühstückstisch und durchgehend warmer Küche bis 18 Uhr, um die feinen Fleischwaren aus den Vitrinen probieren zu können.
Centre • 17, rue du 22 Novembre • Tram A, B, C, D: Homme de Fer • www.kirn-traiteur.fr

La Boutique du Gourmet
▸ S. 117, E 10/11

Die Leber-Delikatesse »foie gras« hat ihren Ursprung in Ägypten, und Georges Bruck repräsentiert die fünfte Generation eines Hauses, das seine Rezeptur seit 1852 nicht geändert hat und sich mit Recht für eine Institution in der Hauptstadt der »foie gras« hält.
Centre • 26, rue des Orfèvres • Tram A, D: Grand'Rue • www.bruck-foiegras.com

KÄSE

In Frankreich gibt es etwa 500 Käsesorten; aus dem Elsass kommt beispielsweise der stark riechende Münsterkäse, dessen Reifegrad man mit einem leichten Daumendruck überprüft. Er ist gerade richtig zum Verzehr, wenn der Daumenabdruck gleich wieder verschwindet. Ein Gang in die kleineren »fromageries« ist unbedingt zu empfehlen. Persönlich beraten, finden auch Sie sicherlich einen Käse Ihrer Wahl.

Au Vieux Gourmet ▸ S. 117, E 11

Bei rund 500 Käsesorten hat man die Qual der Wahl. Käsebouquets mit einer Auswahl, etwa das »Petit Gourmet« oder das »Gout de Terroir«, erleichtern die Entscheidung.
Centre • 3, rue des Orfèvres • Tram A, D: Grand'Rue • www.auvieuxgourmet.fr

La Cloche à Fromage
▸ S. 117, E 11

Käsemeister René Tourrette präsentiert Produkte aus ganz Frankreich. Die Vielfalt ist schier grenzenlos, sei es Edelpilzkäse, Weichkäse oder – als Krönung französischer Käsekunst! – veredelte Rohmilchkäsesorten.
Centre • 32, rue des Tonneliers • Tram A, D: Grand'Rue • www.cheese-gourmet.com

FÜR KINDER
Brin d'Herbe ♥♥ ▸ S. 117, D 10

Eine wahre Fundgrube für all die Dinge, die kleinen Kindern Freude bereiten. Holzspielzeug finden Sie

Mit viel Fingerspitzengefühl entstehen im Au Doux Pays de France (▶ MERIAN-Tipp, S. 37) schon seit 1923 köstliche Kunstwerke aus Schokolade, Trüffel und Marzipan.

hier ebenso wie Plüschtiere, hübsche Lampen und fantasievolles Deko für das Kinderzimmer.
Centre • 10, pl. Kléber • Tram A, B, C, D: Homme de Fer

Le Bilboquet 👣👣 ▶ S. 117, D 11

Kinder wie auch deren Eltern sind begeistert von dem gut sortierten Spielzeugangebot, das von Drachen über Teddybären bis hin zu qualitätsvollem Holzspielzeug reicht.
Centre • 1, rue de la Lanterne • Tram A, D: Grand'Rue • www.lebilboquet.fr

L'Oeillade 👣👣 ▶ S. 116, C 10

Das Angebot im von Anke und Vincent Meurice geführten Geschäft umfasst sowohl Einrichtungsgegenstände für Kinderzimmer als auch Musikinstrumente und Spielzeug mit anspruchsvollem Design.
Centre • 116, Grand'Rue • Tram A, D: Grand'Rue

MÄRKTE

Buchmarkt ▶ S. 117, E 11

Auf dem Markt beim Gutenbergplatz, der Rue Gutenberg und Rue des Hallebardes werden Leseratten dreimal pro Woche fündig.
Centre • Pl. Gutenberg • Tram A, D: Grand'Rue • Di, Mi, Sa 9–18 Uhr

Flohmarkt ▶ S. 117, E 11

Hier können Sie zweimal in der Woche alte Truhen, Möbel, Bilder, Bücher und Kurioses wie aufgefrischte Hemden aus altem Leinen erstehen.
Centre • Pl. de la Grande-Boucherie • Mi und Sa 9–18 Uhr • Tram A, D: Place de l'Hôpital

MODE

Die größte Auswahl an Mode-Boutiquen für Damen und Herren unter einem Dach findet man im Einkaufszentrum Centre Halles. Ansonsten kleidet man sich dort ein:

Facher & Sohns ▸ S. 117, E 10

Anspruchsvolle Kleidung und Accessoires nicht nur für Väter und deren erwachsene Söhne bietet die Filiale der kleinen Ladenkette in der Nähe des Doms.
Centre • 25, rue du Dome • Tram A, D: Grand'Rue • www.fatherandsons.fr

La Redoute ▸ S. 117, D 10

Edle Damen- und Herrenmode, aber auch preisgünstige Angebote an Kinderkleidung finden sich in der Straßburger Filiale von Redoute, der Nr. 1 im Versandhandel Frankreichs.
Centre • 4, rue de la Haute-Montée • Tram A, B, C, D: Homme de Fer • www.laredoute.fr

promod ▸ S. 117, D 10

Preiswert, modern und klassisch ist die Damenmode bei einem der führenden Filialisten Frankreichs.
Centre • 59–61, rue des Grandes Arcades • Tram A, D: Grand'Rue

PARFÜMERIEN

Verschiedenste Düfte sind im riesigen Einkaufszentrum **Centre Halles** (Place des Halles) erhältlich. Eine große Auswahl an Parfüms und Duftwassern bieten auch **Les Galeries Lafayette** (Place Kléber) und **Printemps** (Rue de la Haute-Montée). Im Fachgeschäft kompetent beraten lassen kann man sich bei:

L'Occitane ▸ S. 116, C 10

Die Provence im Elsass! Angeboten werden Seifen, Körperlotionen und alle Formen von Kosmetika für Damen und Herren. Wer noch ein kleines Mitbringsel sucht – im Angebot sind auch schöne Geschenkideen.
Centre • 90, Grand'Rue • Tram A, D: Grand'Rue

MERIAN-Tipp

SCHOKOLADE VON AU DOUX PAYS DE FRANCE
▸ S. 117, E 10

Wie in fast allen Confiserien und Schokoladengeschäften der Stadt stammen auch hier die Leckereien aus eigener Herstellung. Straßburger schwärmen von dieser Schokoladenhandlung im Schatten des Straßburger Münsters, die sich seit 1923 in Familienbesitz befindet. Die gefüllten Trüffel, Marzipanbrote und Pralinen sind frisch und einzigartig im Geschmack. Die süßen Köstlichkeiten werden auf Wunsch auch als Geschenk verpackt und sind deshalb ein vorzügliches Mitbringsel.
Centre • 5, rue du Dôme • Tram A, D: Grand'Rue • http://audoux paysdefrance.chez-alice.fr

SCHMUCK
Jacquot Joaillier ▸ S. 117, E 10

Dieses Fachgeschäft bietet nur das Feinste vom Feinen, Markenarmbanduhren und Schmuck in Gold, Silber oder auch mit Brillanten, Manschettenknöpfe und wertvolle Schreibwerkzeuge.
Centre • 10, rue du Dôme • Tram A, D: Grand'Rue

SOUVENIRS

Töpferwaren aus Betschdorf und Soufflenheim gehören zu den qualitativ hochwertigen Mitbringseln. Keramik und Kunstgewerbe aus dem Elsass, Weingläser und Trachtenpuppen mit dem Gütesiegel »Souvenir de France Alsace Authentique« sind in Handarbeit hergestellt.

MERIAN-Tipp ❸

WOCHENMARKT
▶ S. 119, E 14/15

Der beliebte Wochenmarkt Marché du Boulevard de la Marne gehört zu den Treffpunkten der Stadt und bietet von Trüffeln bis zum halben Zicklein eine riesige Auswahl an Lebensmitteln, darunter auch Bio-Kost direkt vom Bauern oder preiswerte Gänseleber. Außerdem noch Korbwaren und Küchenartikel.
L'Esplanade • Boulevard de la Marne • Bus 2 Marne • Di, Sa 7–13 Uhr

La Hulotte ▶ S. 116, C 11

Große Auswahl an bemalter Keramik und wunderhübschen kleinen Dekorationsstücken: von witzigen Tierfiguren bis zu winzigen elsässischen Bauernhäusern.
Petite France • 17, rue du Bain-aux-Plantes • Tram A, D: Grand'Rue

Poteries d'Alsace ▶ S. 117, E 11

Ein Spezialgeschäft für handbemalte Keramik und Steingut nach elsässischer Tradition. Seit 1860 finden die Kunden hier eine reiche Auswahl an Schalen, Krügen und Bechern sowohl für den täglichen Gebrauch als auch Kunsthandwerk aus Terrakotta.
Centre • 3, rue des Frères, links der Kathedrale • Tram A, D: Grand'Rue • www.poterie-alsace-strasbourg.eu

WARENHÄUSER/EINKAUFSZENTREN

Centre Halles ▶ S. 116, C 9

Das Einkaufsparadies zählt 120 Boutiquen auf 36 500 qm mit unterirdischen Parkplätzen, zwei Hotels, Schnellimbissen, Cafés, Fernost-Läden, Oberbekleidung, Schuhen, Parfümeriewaren, Dessous und dem Feinkost- und Weinmekka **Galeries Gourmandes**.
Gare • Quai Kléber • Pl. des Halles • Tram A, D: Ancienne Synagogue Les Halles • www.placedeshalles.com • Mo–Fr 9–20, Sa 9–18 Uhr

Les Galeries Lafayette ▶ S. 116, C 10

Das traditionsreiche Unternehmen betreibt eines der führenden Warenhäuser der Stadt. Es werden Parfüm und Kosmetika, Bekleidung, Lederwaren und Nahrungsmittel angeboten. Die Auswahl ist groß und von guter Qualität, und das Geschäft ist selten überlaufen.
Centre • 34, rue du 22 Novembre • Tram A, B, C, D: Homme de Fer • www.galerieslafayette.com

Printemps ▶ S. 117, D 10

In einem der führenden Kaufhäuser Straßburgs werden fast ausschließlich französische Waren angeboten.
Centre • 1–5, rue de la Haute-Montée • Tram A, B, C, D: Homme de Fer • www.printemps.com • tgl. außer So 9–19 Uhr

Rivétoile ▶ S. 118, südl. A 16

Das 2008 eröffnete futuristische Einkaufszentrum mit 90 Geschäften und Restaurants zwischen L'Esplanade und Neudorf bietet Einkaufsgenuss in moderner Umgebung.
Neudorf • Pl. Dauphine • Tram C, E: Winston Churchill • www.rivetoile.com

WEINE

Besonders gute Jahrgänge für Elsässer Riesling, Sylvaner, Pinot oder Gewürztraminer sind 1985, 1983 und 1981. Wem Champagner zu teuer ist,

Dreimal wöchentlich wird auf der Place Gutenberg geblättert, geschmökert und die Lesebrille gezückt, denn dann verwandelt sich der Platz in einen Freiluftbuchladen.

der kann vertrauensvoll einen »Crémant d'Alsace« kaufen, den regionalen Schaumwein. Sehr zu empfehlen ist auch eine der zahlreichen Weinproben in der näheren Umgebung Straßburgs. Fragen Sie in der Touristeninformation nach Weinkellern. In einer Entfernung von einer halben Autostunde finden sich etwa im südwestlich gelegenen Boersch die empfehlenswerten **Caves du Domaine Schaetzel 1722** (Tel. 02 88 95 83 33). Aber auch der Weinkeller **G.A.E.C Mosbach** in Marlenheim (Tel. 03 88 87 50 13) liegt nur etwa 20 km westlich von Straßburg. Nahezu alle Keller bieten Weinproben in deutscher Sprache.

Au Millésime ▸ S. 117, E 10

Ein umfassendes Angebot an Weinen und Likören enthalten die großzügig geschnittenen Verkaufsräume. Das Geschäft organisiert auf Wunsch auch Degustationen im Rahmen eines Abendessens.
Centre • 7, rue du Temple Neuf • Tram B, C: Broglie • www.aumillesime.com • Di–Sa 9.30–12.30 und 14–19 Uhr

Nicolas ▸ S. 116, B 10

Kenner, die etwas ganz Besonderes für festliche Stunden suchen, werden individuell beraten. Das Nonplusultra ist der Champagner mit Jahrgang.
Centre • 105, Grand'Rue • Tram A, D: Grand'Rue • www.nicolas.com

Terres à vin ▸ S. 117, D 11

Weinliebhaber finden in diesem Geschäft 1600 Weine aus 30 Ländern in allen Preisklassen. In einer eigens eingerichteten Restaurantecke kann man eine Weinprobe mit einem kleinen Essen verbinden.
Centre • 1, rue du Miroir • Tram A, D: Grand'Rue • Mi–Sa 11–22 Uhr • www.terresavin.com

Am Abend

Am Abend Ballett mit Stil, Theater mit Witz oder Jazzkneipe mit Charme? Im Sommer herrscht reges Nachtleben rund um Münsterplatz und Altstadt, im futuristischen Zénith werden regelmäßig Topkonzerte veranstaltet.

◄ Das beliebte Les Aviateurs (► S. 43) wird auch Ihr Herz im Flug erobern.

Obwohl es auf den ersten Blick nicht so aussieht: In Straßburg ist viel los. Allerdings muss man Bars und Kneipen gezielt ansteuern und kann sich nicht darauf verlassen, beim Schlendern durch die Gassen zufällig ein nettes Lokal zu entdecken, nur im Altstadtviertel Krutenau und in einigen Straßen hinter der Kathedrale in der Nähe der Place Saint-Etienne liegen mehrere Lokale beieinander. Allerdings empfiehlt es sich, nicht zu früh loszuziehen. Vor 23 Uhr ist nirgendwo Stimmung. Die Straßburger gehen abends in erster Linie ins Restaurant, ins Kino oder zu Musikveranstaltungen und danach erst in Bars oder Discos. Offizielle Sperrstunde ist 3.30 Uhr, danach wird hinter verschlossenen Türen weitergefeiert.

Kino und Ballett

Kinogänger finden ein umfangreiches Angebot vor. Filme aus den USA kommen in Frankreich meistens früher in die Kinos als in Deutschland. Die Preise schwanken zwischen 4,50 € (Nachmittagsvorstellungen und am Montag) und 9 € (Abendvorstellungen). Die größten Kinos liegen nahe der Place Kléber.
Höhepunkte der Klassik und Moderne sind das Straßburger Musikfestival und das Festival für zeitgenössische Kunst. Daneben führt das **Philharmonische Orchester** (Orchestre Philharmonique de Strasbourg) regelmäßig Konzerte mit bekannten Solisten auf. Die **Rheinoper** (Opéra du Rhin) wurde 1972 von den drei Städten Straßburg, Colmar und Mülhausen als erste regionale Oper Frankreichs geschaffen. Die Gemein-

schaftsproduktionen sind nach der Premiere in allen drei Städten zu sehen. Das Repertoire des **Ballett-Ensembles** (Le Ballet du Rhin) mit 40 Tänzerinnen und Tänzern ist auf beliebte Klassik wie »Schwanensee« und »Dornröschen« ausgerichtet.
Hochgeschätzt bei Musikliebhabern sind die Kammermusikabende in der Oper oder an anderen Aufführungsorten, wo Studenten der Musikhochschule und Gastensembles auftreten. Auch in den verschiedenen Kirchen der Stadt (im Münster und in der Kirche Saint-Thomas auf der Silbermann-Orgel) finden Orgelkonzerte mit Werken von klassischen, aber mitunter auch modernen Komponisten statt.

Musik und Theater

Bekannte Jazz-, Pop- und Rockgruppen machen gelegentlich in Straßburg Station. Zentraler Aufführungsort für Großveranstaltungen ist das neu erbaute topmoderne Zénith.
Im Mittelpunkt des Straßburger Theaterlebens stehen die Darbietungen des Théâtre National de Strasbourg (TNS). Lassen Sie sich einen Abend im Theater-Restaurant Théâtre de la Choucrouterie (Sürkrütstub, ► MERIAN-Tipp, S. 47) des Sängers Roger Siffer nicht entgehen. Das ist elsässische Kulturszene live!

BARS
Académie de la Bière
► S. 116, B 10
Sehr beliebte Bar für Biertrinker, die aus sage und schreibe 75 ausländischen Sorten auswählen können. Das Ambiente mit kleinen Nischen und Fachwerkbalken ist rustikal-sympathisch. Das Lokal liegt etwas versteckt am Rand der Altstadt.

Centre • 17, rue Adolphe Seyboth •
Tram B, C: Faubourg National •
www.academiedelabiere.com •
tgl. 11–4 Uhr

Au Camionneur   ▸ S. 116, B 9

Stimmung und gute Musik. Ob an der
stilvollen Bar oder auf gemütlichen
Sofas im Salon, Au Camionneur ist
der richtige Ort, um ein Bier zu trinken und Kleinkunst oder Konzerte
auf der kleinen Bühne zu genießen.
Gare • 14, rue Georges Wodli •
Tram A, D: Gare Centrale • www.
au-camionneur.fr • 6, Di, Do 19–1.30,
erster Mi im Monat 19–1.30, Fr, Sa
19–4 Uhr

Jeannette et les Cycleux

▸ S. 117, E 11

Ein junges Publikum findet sich vor
allem an den Wochenenden in dieser
lebhaften Bar mit netter und aufmerksamer Bedienung.

Petite France • 30, rue des Tonneliers •
Tram A, D: Grand'Rue • www.lenetde
jeannette.com • tgl. 11.30–1.30 Uhr

La Java   ▸ S. 117, F 10

Beliebter Treffpunkt von Studenten
im Erd- und Untergeschoss. Gute
Drinks, abwechslungsreiche Musik,
richtig los geht's erst ab Mitternacht.
Centre • 6, rue du Faisan • Tram A, D:
Grand'Rue • tgl. 20–4 Uhr

Le Giraf' Café   ▸ S. 118, F 11

Ausgelassene Stimmung und ein gut
gelauntes Team machen die Musik-
bar zu einem beliebten Treffpunkt
auch für das Straßburger Publikum.
Krutenau • 6, pl. Saint-Nicolas aux
Ondes • Tram C, E: Université • Mo–Fr
11–4, Sa 19–4 Uhr

Le Perroquet Bleu   ▸ S. 117, F 11

Eine nette und immer gut besuchte
Bar. In den Sommermonaten sitzt

Das Jeannette et les Cycleux (▸ S. 42) lässt mit seinem Rock-'n'-Roll-Flair das vorwiegend junge Publikum an einer modernen Interpretation der 1950er-Jahre teilhaben.

man gern auf der schönen Terrasse an der Place Marché Gayot und schlürft Cocktails.
Centre • 13, rue des Sœurs • Bus 10: Saint-Guillaume • tgl. 11–4 Uhr

Le Saxo ▶ S. 117, E/F 11

Sehr sympathische und nett eingerichtete Bar, die zwar gut besucht, aber selten überlaufen ist. Wird von jungen und jung gebliebenen Stammgästen frequentiert.
Centre • 8, rue des Frères • Tram B, C: Broglie • tgl. 11–3.30 Uhr

Le Seven ▶ S. 117, E 11

Das geräumige und schicke Lokal steht bei der gut situierten »jeunesse dorée« hoch im Kurs. In drei großen Sälen ist viel Platz, und auf den Marmortischen tanzen schon mal die Mädchen, wenn die Musik besonders in die Füße geht.
Centre • 25, rue des Tonneliers • Tram A, D: Grand'Rue • Mo–Sa 22–4 Uhr

Le Tapas Café ▶ S. 116, C 11

Sangria, Wein und Tapas werden in Räumen angeboten, die an eine spanische Bodega erinnern. Nach dem Essen tanzen und feiern die Besucher unterschiedlichen Alters zu Flamenco, Rock und Salsa.
Finkwiller • 16, rue du Bain Finkwiller (an der Pl. des Moulins) • Bus 10: Saint-Thomas • Mo–Fr 12–24, Sa 17–1.30 Uhr

Le Trou ▶ S. 117, F 12

Sympathisches Kellerlokal mit guter Stimmung und einem abenteuerlustigen Wirt, der schon die Chinesische Mauer entlangmarschiert ist.
Krutenau • 5, rue des Couples • Tram A, D: Porte de l'Hôpital • tgl. 16–1.30 Uhr

MERIAN-Tipp

LE FESTIVAL ▶ S. 118, A 15

Die Bar ist geräumig und gepflegt, die Musik eine gut tanzbare Mischung aus neueren und alten Songs. Das Publikum ist zwischen 25 und 35 Jahre alt, wobei sowohl jüngere als auch ältere Semester vertreten sind. Was Le Festival einzigartig in der Stadt macht, sind die hervorragenden Cocktails. Wer also nicht mit dem Auto unterwegs ist, dem sei z. B. die Spezialität des Hauses wärmstens empfohlen: der Wodka Caramel. Und wenn man dann noch während einer lauen Sommernacht einen Platz auf der gewöhnlich gut gefüllten Terrasse ergattert, dann steht einem angenehmen Abend nichts mehr im Wege.
Krutenau • 4, rue Sainte-Cathérine • Bus 30: Krutenau • www.barlefestival.com • tgl. 21–4 Uhr

Les Aviateurs ▶ S. 117, F 11

Im Zentrum hinter der Kathedrale gelegen, gehört Les Aviateurs seit vielen Jahren zu den beliebtesten Bars der Stadt. Das Lokal im Stil der »fifties« wird gern von Singles besucht. Das Publikum ist zwischen 20 und 30 Jahre alt.
Centre • 12, rue des Sœurs • Bus 10: Saint-Guillaume • tgl. 9–4 Uhr

Rhumerie Bar Waikiki ▶ S. 116/113, C/D 10

Hier gibt es vielfältige Rum-Cocktails, umgeben von Urwalddekor.
Centre • 6, pl. de l'Homme-de-Fer (Treppe hoch) • Tram A, B, C, D: Homme de Fer • tgl. 17–3 Uhr

MUSIKKNEIPEN UND LOKALE

Irish Times ▶ S. 117, D 11

Irisches Ambiente und auf die Kneipenatmosphäre abgestimmte Musik. Zahlreiche Englisch sprechende Gäste, Kaminfeuer im Winter, angemessene Preise.
Centre • 19, rue Sainte-Barbe • Tram A, D: Grand'Rue • Mo–Fr 16–1, Sa, So 14–1 Uhr

L'Opéra Café ▶ S. 117, E 10

Nachmittags und abends gleichermaßen interessant. Nach dem Theaterbesuch lässt es sich bei einem Glas Crémant besonders gut plaudern.
Centre • Pl. Broglie • Tram B, C: Broglie • Mo–Do 12–3, Fr und Sa 12–4, So 14–20 Uhr

P'Ti Max ▶ S. 116/113, C/D 10

Jazz, Rhythm&Blues und Rock an den Veranstaltungstagen Dienstag, Donnerstag und Freitag. Aber auch an den anderen Tagen präsentiert sich das Max als gelungene Mischung aus Café, Restaurant und Musikpub.
Centre • 4, pl. de l'Homme de Fer • Tram A, B, C, D: Homme de Fer • tgl. 11.30–1 Uhr

KINOS

Odyssée ▶ S. 117, D 11

In diesem Programmkino werden Filme in Originalversion und Retrospektiven west- und osteuropäischer Filmemacher gezeigt.
Centre • 3, rue des Francs-Bourgeois • Tram A, D: Grand'Rue • Tel. 03 88 75 11 52

Pathé Vox ▶ S. 117, D 11

Supermodernes Kinozentrum im amerikanischen Stil mit fünf Sälen und stolzen 1100 Plätzen über mehrere Etagen verteilt. Hochburg neuer und kommerzieller Streifen. Wartezeiten einrechnen!
Centre • 17, rue des Francs-Bourgeois • Tram A, D: Grand'Rue • Tel. 03 88 75 50 21

UGC Ciné-Cité ▶ S. 118, südl. A 16

Ob man es mag oder nicht, legendäre Filmkunsttheater wie Le Club schließen, und das futuristische Ciné-Cité präsentiert, wie Kino im 21. Jh. – auch – aussehen kann. 22 Kinosäle mit insgesamt 5400 Sitzplätzen zeigen Mainstream-Kino in höchster Bild- und Klangqualität.
Neudorf • 25, route du Rhin • Tram D, E: Étoile Polygone • Tel. 08 92 70 00 00

KONZERTE UND OPER

Cité de la Musique et de la Danse ▶ S. 117, südl. F 12

Seit wenigen Jahren besitzt Straßburg einen neuen Konzertsaal in einem postmodern anmutenden Gebäude, welches von dem Architekten Henri Gaudin entworfen wurde. Der Saal bietet Platz für 500 Zuhörer und Zuschauer. Ebenfalls im Haus untergebracht sind Probe- und Übungsräume, die von den Musikschulen und insbesondere den Studierenden des Konservatoriums von Straßburg genutzt werden.
Neudorf • 1, pl. Dauphine • Tram D: Étoile Bourse

L'Opéra national du Rhin
▶ S. 117, E 10

Die Oper stellt seit 1972 das gemeinsame Ensemble von Straßburg, Mülhausen und Colmar, wobei jede Stadt je einen künstlerischen Bereich leitet. Die Aufführungen werden vom Philharmonischen Orchester Straßburg und Symphonischen Orchester Mülhausen begleitet. Neben

Opern stehen Ballett- und Lieder-abende auf dem Plan.
Centre • 19, pl. Broglie • Tram B, C: Broglie • Tel. 03 88 75 48 23 • Kartenvorverkauf: Mo–Fr 11–18, Sa 11–16 Uhr • www.operanational durhin.eu

La Laitierie   S. 116, westl. A 12
In der umgebauten Molkerei befindet sich ein großes Kulturzentrum. Auf dem Programm stehen zeitgenössischer Tanz, moderne Musik, Konzerte und Ausstellungen.
Gare/Elsau • 13, rue Hohwald • Tram B, C: Laiterie • www.laiterie.artefact.org

Palais de la Musique et des Congrès   ▶ S. 114, A 6
Im Schweizer- und Erasmussaal des Kongresszentrums finden Kongresse, Vorträge, Versammlungen und Konzerte des städtischen Orchesters sowie Popkonzerte statt.

Wacken • Pl. de Bordeaux • Tram B, E: Parc du Contades • Tel. 03 88 27 67 67

Zénith   ▶ S. 112, westl. A 4
Die bis zu 12 000 Zuschauer fassende Halle in unübersehbarem Orange wurde 2008 eingeweiht und ist der größte Veranstaltungsort Frankreichs. Hier finden neben Konzerten international namhafter Musiker und Bands auch Shows, Varietés, klassische Konzerte und andere Großveranstaltungen statt.
Eckbolsheim • 1, allée du Zénith • Tram A: Hautepierre Maillon • Tel. 03 88 10 50 50 • www.zenith-strasbourg.fr

THEATER
Le Cheval Blanc ▶ S. 113, nördl. E 1
Das »Weiße Rössl« im Vorort Schiltigheim ist Bierstube und Experimentierbühne zugleich. Im hübschen Theatersaal mit 170 Plätzen wird eine breite Palette von Regional-

Die 1972 ins Leben gerufene Rheinoper, L'Opéra national du Rhin (▶ S. 44), hat drei Spielorte und braucht internationale Vergleiche nicht zu scheuen.

kultur angeboten: Theater, Tanz, Kabarett, Chansons, Jazz oder Kammermusik. In der traditionell eingerichteten Bierstube nebenan kann man zu kleinen Gerichten die Produkte der vier Schiltigheimer Brauereien durchprobieren, welche die Nachbargemeinde zur »elsässischen Bierhauptstadt« gemacht haben.
Schiltigheim • 25, rue Principale • Bus 4: Mairie oder Tram B: Futura • Tel. 03 88 83 84 85 • www.ville-schiltigheim.fr

Le Maillon   ▶ S. 116, westl. A 10

Das Kulturzentrum existiert seit 1978 und bringt jedes Jahr über 300 Veranstaltungen auf die Bühne. Dem Programm sind keine Grenzen gesetzt: Theater, Konzert und Kino gehören dazu, Klassik und Avantgarde ebenso wie Filmreihen, Tanzvorstellungen und Wettbewerbe französischer Regionaltheater. Die Veranstaltungen finden auf dem alten Messegelände im Wacken statt, wo von Oktober bis Juni ein Saal mit 600 Plätzen zur Verfügung steht.
Wacken • Pl. de la Foire Exposition • Tram B: Wacken • Tel. 03 88 27 61 81 • Reservierung Di–Fr 14–20 sowie an allen Veranstaltungstagen ab 14 Uhr • www.le-maillon.com

Théâtre Alsacien   ▶ S. 117, F 10

Das Elsässische Theater ist der Vorläufer aller Dialekt-Truppen und wurde 1898 gegründet. Seitdem die Regionalkultur wieder stärkere Bedeutung erlangt hat, erfreut sich das Theater immer größerer Beliebtheit. Heute wird es von älterem Publikum wie auch von jungen Elsässern und vielen Touristen besucht. Auf dem Programm stehen vorwiegend heitere, mit derbem Humor gewürzte Bauerngeschichten – in reinstem El-

sässisch, versteht sich. Von Verständigungsschwierigkeiten abgesehen, eignet sich ein Besuch vorzüglich für regionale Mentalitätsstudien.
Centre • 19, pl. Broglie • Tram B, C: Broglie • Reservierung: Tel. 08 25 84 14 84 (▶ S. 117, E 10) • Karten auch bei Réseau FNAC Carrefour unter Tel. 08 92 68 36 22 oder in der Boutique Culture: 10, pl. de la Cathédrale • Tram A, D: Grand'Rue • Tel. 03 88 23 84 65 (▶ S. 117, E 11) • www.theatre-alsacien-strasbourg.com

Théâtre Jeune Public (TJP) 👦👧   ▶ S. 118, B 15

Das Jugend- und Kindertheater TJP hat auch im kulturell aufgeschlossenen Frankreich Seltenheitswert. Umso mehr ist das auf internationale Zusammenarbeit mit anderen Theatern ausgerichtete Konzept des Hauses bemerkenswert. Pro Jahr werden etwa 400 Vorstellungen für Kinder aller Altersgruppen, Familien und jung gebliebene Erwachsene gegeben. Neben Eigenproduktionen kommen in den zwei Häusern des Jugendtheaters (Großer Saal in 7, rue des Balayeurs, Kleiner Saal in 1, rue du Pont Saint-Martine in Petite France) zahlreiche Stücke auswärtiger Ensembles zur Aufführung. Zudem treten jedes Jahr internationale und nationale Puppentheater mit ihren aktuellen Programmen im Haus auf. Auch für Erwachsene absolut lohnend. Auf dem Programm stand z. B. bereits die Geschichte des Struwwelpeters und für die Älteren Stücke von Lewis Carroll und Dario Fo.
Infos und Reservierung:
Centre • 7, rue des Balayeurs • Tram C, E: Université • Tel. 03 88 35 70 10 • www.theatre-jeune-public.com weitere Verkaufsstellen:

– Kiosque Culture • Université • 22, rue René Descartes • Tram C, E: Universités ▸ S. 118, B 16
– FNAC, La boutique culture • Centre • 10, pl. de la Cathédrale • Tram A, D: Grand'Rue ▸ S. 117, E 11

Théâtre National de Strasbourg (TNS) ▸ S. 117, F 9/10

Das TNS mit seiner renommierten Schauspielschule École Supérieure d'Art Dramatique bringt jedes Jahr eine Reihe bemerkenswerter Neuaufführungen heraus. Zu den Werken zählen auch deutsche Stücke in französischer Übersetzung und auch deutschsprachige Produktionen. Auch gefeierte Schauspieler wie Jeanne Moreau und Gérard Depardieu sind im TNS aufgetreten, worauf die Elsässer sehr stolz sind.

Das TNS ist die einzige Provinzbühne Frankreichs, die vom Staat mit einem festen Etat subventioniert wird. Die Direktion ist ständig darum bemüht, frischen Wind in die regionale Theaterszene zu bringen. Mit großem Erfolg: Das TNS ist gut besucht und weit über die Grenzen Straßburgs und des Elsass hinaus bekannt. Das Programm reicht von Marivaux und Goldoni über Strindberg und Lorca bis hin zu Stücken von Beckett und Heiner Müller.

Gespielt wird in vier Sälen: dem Bernard-Maire-Koltès-Saal (600 Plätze) und dem Hubert-Gignoux-Saal (200 Plätze) in 1, av. de la Marseillaise (▸ S. 118, A 14); dem Studio Kablé (150 Plätze) und der Halle in 18, rue Jacques Kablé (▸ S. 113, D 4).

Info-Tel. 03 88 24 88 03 • Reservierung unter 03 88 24 88 24 oder an der Kasse • Wacken • ave. de la Marseillaise • Tram B, C, E: République • Mo 14–18, Di–Sa 10–18 Uhr • www.tns.fr

MERIAN-Tipp 5

THÉÂTRE DE LA CHOUCROUTERIE ▸ S. 117, D 12

Das kleine Theater, in einer ausgedienten Sauerkrautfabrik am Rande der Altstadt untergebracht, verdankt seinen Erfolg dem unermüdlichen Engagement des Lokalbarden Roger Siffer. Zusammen mit seinen singenden und schauspielernden Freunden der Lokalszene ist er zum Inbegriff des elsässischen Humors geworden.

In der Sürkrütstub treten lokale Theater- und Musiktruppen und Ensembles anderer französischer Regionen auf. Die Programme bestehen aus Chansons, Sketchen und Kabarett – auf Elsässisch, Deutsch oder Französisch.

Das mit Abstand erfolgreichste Stück seit Eröffnung des Theaters war die satirische und witzige Show »Nous sommes tous des Juifs Alsaciens« (Wir sind alle elsässische Juden), in der sich die Truppe über alles lustig machte, was den Regionalcharakter ausmacht. Der Titel der Show ist in Straßburg sogar zum geflügelten Wort geworden. Gewiss, das Theater ist klein, und auf der Bühne ist auch nicht viel Platz, aber diese familiäre Atmosphäre macht gerade den Charme der Choucrouterie aus.

Nach der Vorstellung trifft man sich im Restaurant der Choucrouterie zur deftigen Mahlzeit in fröhlicher Runde.

Finkwiller • 20, rue Saint-Louis • Bus 10: Saint-Thomas • Info-Tel. 03 88 36 07 28 • www.choucrouterie.com

Feste und Events
Von der alemannischen Fastnacht bis zum »Christkindelsmärik«, vom »Festival de Musique« bis zu den »Nuits de Strass« – die Stadt legt Wert auf Traditionen und versteht es zu feiern.

◀ Alle Jahre wieder verzaubert Straßburgs Weihnachtsmarkt (▶ MERIAN-Tipp, S. 51) die flanierenden Besucher.

FEBRUAR
Weinmesse

Eine gute Adresse für Kenner: Über 500 meist mittelständische Winzer Frankreichs stellen auf dem Messegelände Wacken ihre Produkte vor. Der Veranstalter ist die weltweit größte Weinbaugenossenschaft, die »Vignerons Indépendants de France«. Aktuelle Infos unter www.vigneron-independant.com

FEBRUAR/MÄRZ
Fasnacht im Elsass

Rheinische Karnevals- und alemannische Fastnachtstraditionen treffen aufeinander. Sehenswert ist der jährlich am Faschingssonntag stattfindende große Umzug durch die Innenstadt. Danach geht es mit einer wilden Mischung aus Guggenmusik und Samba an der Place Broglie weiter.

MAI
Stadtlauf

Über 1300 Läufer nehmen am jährlichen »Semi-Marathon DNA« durch Straßburg und Kehl teil. Zahlreiche Läufer sind zudem auf den Strecken von 5 oder 10 km unterwegs. Infos unter www.ods67.com

Festival Nouvelles Danse

Internationales Tanzfestival für unkonventionelles Tanztheater.
1, rue de Bourgogne • www.pole-sud.fr

Tag der offenen Tür im Europaparlament

Jedes Jahr im Mai veranstaltet das Straßburger Europaparlament einen Tag der offenen Tür. Anlass ist jener

MERIAN-Tipp   6

WASSERBALLETT
▶ S. 112, nördl. C 1

Jedes Jahr wieder ist das prachtvolle Wassersportzentrum in Schiltigheim 4 km nördlich von Straßburg Schauplatz eines nassen Spektakels. Mehr als 100 Mitglieder des »Ballet Nautique Strasbourg« präsentieren ihre Sportart in einer mitreißenden Gala voller Musik und Bildern. Neben klassischem Wasserballett werden auch humorvolle Beiträge der Vereinsjugend dargeboten. Ein charmantes Erlebnis für die ganze Familie.
Ende November • Schiltigheim • Centre Nautique de Schiltigheim • 9, rue de Turenne • Bus 6: Poincaré • www.bns67.fr

9. Mai 1950, an dem Robert Schuman dem Europarat seinen Vorschlag für ein Vereintes Europa unterbreitete. Parteien, Verbände, Vereine und Medien bieten Informationen rund um das Parlament am Ill-Ufer.
Wacken • Europaparlament

JUNI
Festival de Musique de Strasbourg

Seit 1932 bietet Frankreichs ältestes Festival seiner Art hochkarätig besetzte klassische Konzertreihen und Opern. Die Veranstaltungen im Palais de la Musique et des Congrès (▶ S. 45) sind auch im Ausland bekannt und beliebt. Karten sollten daher im Voraus bestellt werden.
Kontakt: Wolf Musique • Centre • 24, rue de la Mésange • Tel. 03 88 32 43 10 • www.festival-strasbourg.com

Festival Premières

Junge Regisseure aus Europa präsentieren in einem vielfältigen Programm ihre Arbeiten. Veranstalter ist das Nationaltheater Straßburg TNS und das Kulturzentrum Le Maillon. Infos unter www.le-maillon.com

Straßburgs Fasnachtshexen (▶ S. 49) entstammen alemannischer Tradition.

JUNI/SEPTEMBER
Voix et Route Romane

Romanische mittelalterliche Vokalmusik wird im Juni und September an verschiedenen Spielorten, z. B. St-Pierre-le-Jeune, dargeboten. Infos unter www.voix-romane.com

JULI
Foire Saint-Jean

Das Volksfest hat eine 600-jährige Tradition. Seit ein paar Jahren findet es auf dem Messegelände Jardin des Deux Rives statt. Eine gute Gelegen-heit auch für einen Besuch des gleichnamigen Parks und der Fußgängerbrücke über den Rhein.

Grande Braderie

Alle Straßburger Geschäftsleute verlagern ihren Verkauf auf die Straße. Hunderte von Händlern aus ganz Frankreich bieten ihre Waren beim größten Straßenverkauf feil. An diesem Tag bevölkern über 100 000 Touristen die Straßen der Innenstadt. Letzter Samstag im Juli

Nationalfeiertag

Die Militärparade am Nachmittag lockt viele Schaulustige an. Am Abend ist ganz Straßburg unterwegs, um das traditionelle Feuerwerk in La Petite France zu sehen. 14. Juli

Strasbourg Jazz Festival

Alljährlich treten an einigen Tagen französische sowie international renommierte Jazzgruppen verschiedenster Couleur in der Stadt auf. Anfang Juli • www.festival-strasbourg.com

JULI/AUGUST
Festbeleuchtung des Münsters

Ab 22.30 Uhr wird das Münster mit jährlich wechselnden Lichtshows eindrucksvoll in Szene gesetzt. Mitte Juli–Ende August • Münster (▶ S. 58)

Nuits de Strass

Zwei Monate wird La Petite France am späten Abend zur großen Freilichtbühne. Tanz, Musik, Theater, Kabarett, Paraden und Umzüge. Besonders beliebt sind die aufwendig inszenierten Wasser- und Lichtspiele vor den Ponts-Couverts.

SEPTEMBER/OKTOBER
Musica

Musica ist Frankreichs größtes internationales Festival für zeitgenössische Musik. Es bietet eine breite Palette an Uraufführungen. Standort der meisten Konzerte ist die Cité de la Musique an der Place de l'Étoile.
Neudorf • Tel. 03 88 23 47 23 •
www.festivalmusica.org

OKTOBER
Mondial de la bière Strasbourg-Europe

Bereits im Jahr 750 wurde in Straßburg Bier gebraut, das Elsass gilt als eine der führenden Bierregionen in Frankreich. Grund genug für den Veranstalter aus dem kanadischen Montreal, hier seit 2009 eine internationale Degustationsmesse für Bier zu veranstalten. 400 Sorten von mehr als 100 Brauereien aus der ganzen Welt stehen zur Verkostung bereit.
Wacken • Messegelände •
www.mondialbierestrasbourg.com

WUSSTEN SIE, DASS …

… der zweite Weihnachtsfeiertag nur im Elsass ein gesetzlicher Feiertag ist?

NOVEMBER
Kunstmesse St'art

▶ S. 114/111, C/D 6

Die Europäische Messe für Zeitgenössische Kunst St'art hat sich zur zweitgrößten ihrer Art in Frankreich entwickelt. Im Mittelpunkt steht ein breites Angebot unterschiedlicher Kunstgattungen mit Fokus auf Gegenwart und der Zeit nach dem Zweiten Weltkrieg. Junge Künstler erhalten dabei ebenso eine Möglich-

MERIAN-Tipp 7

WEIHNACHTSMARKT
▶ S. 117, E 11

Der »Christkindelsmärik« vom 1.–31. Dezember ist eine besondere Attraktion. Bezaubernd ist der Bummel an den Ständen vorbei am Abend, wenn die Lichter dem Kunsthandwerk einen besonderen Glanz verleihen. Angeboten werden Naschwerk und Krippenfiguren und natürlich Spielzeug, das aus Kunsthandwerksbetrieben stammt. Wenn es gar zu kalt wird, kann man sich mit einem Glas Glühwein aufwärmen. Die Tradition dieses Marktes, rund um das Münster und den Broglieplatz, reicht bis ins Mittelalter zurück. 1570 ist der Christkindelsmärik erstmals urkundlich erwähnt – einer der ältesten Weihnachtsmärkte Europas. Die Stadtverwaltung achtet streng auf Einhaltung aller Qualitätsmaßstäbe, besonders was das Kunsthandwerk betrifft. In der Tat findet man hübsche Schmuckstücke oder andere schöne Mitbringsel und Accessoires, die es sonst im Handel nicht zu kaufen gibt. Würstchenbuden und Bierausschank wird man dagegen vergeblich suchen.
Centre • Rund um das Münster

keit, sich zu präsentieren, wie namhafte Galerien mit bereits etablierten Künstlern. Liebhaber und Sammler von Glaskunst haben mit der St'art die einzige Kunstmesse mit einem solchen Schwerpunkt.
November auf dem Messegelände •
Wacken • www.st-art.fr

Familientipps Die Kleinen freuen sich über die Sterne im Planetarium, die Tiere im Zoo und die Geschichten im Theater. Eltern genießen die speziellen Angebote, die Museen oftmals für Kinder parat halten.

◄ Kinder haben Spaß am Lernen! Le Vaisseau (▸ S. 53) ist der beste Beweis.

Europa-Park Rust ▸ S. 93, c 6

Einer der größten Freizeitparks Europas nur 30 km entfernt von Straßburg. Er ist als Länderthemenpark konzipiert. 3,6 Mio. Besucher im Jahr erleben Shows, spektakuläre Fahrten und wechselnde Programme.
Rust • Europa-Park-Str. 2 • Ende Nov.–Anfang Jan. 11–19 Uhr, Anfang Mai–Anfang Nov. 9–18 Uhr • Anfahrt über A5 Ausfahrt Rust 57b (zw. Offenburg und Freiburg) • Info: Tel. 0 18 05 77 66 88 • www-europapark.de

Iceberg

Die größte Eislaufhalle Frankreichs weist ganzjährig zwei Eisflächen mit 3300 qm auf. Schlittschuhverleih und Animationsprogramm.
Cronenbourg • Rue Pierre Nuss • Tram A, D: Rotonde • www.painoire-iceberg.com

Jugendtheater (TJP)
▸ S. 46

Musée Zoologique ▸ S. 118, C 15

Ausgestopfte Tiere aller Art aus Vergangenheit und Gegenwart.
Université • 29, bd. de la Victoire • Tram C, E: Université • Mo, Mi–Fr 10–18 Uhr • Erwachsene 5 €, Kinder 2,50 €

Parc de l'Orangerie
▸ S. 115, E/F 8, S. 119, E/F 13

Im Park (▸ MERIAN-Tipp, S. 67) gegenüber dem Europarat können Kinder Ruderboot oder Mini Eisenbahn fahren. Zudem gibt es einen Spielplatz und einen kleinen Zoo mit Affen und anderen exotischen Tieren.
Orangerie • Av. de l'Europe • Bus 30: Palais de l'Europe

MERIAN-Tipp

KINDERSPIELPLATZ SQUARE DES MOULINS ▸ S. 116, C 11

Ein umzäunter Kinderspielplatz mit Eingang direkt gegenüber dem Hotel Petite France (▸ S. 14) bietet Eltern mit kleinen Kindern eine kurze Verschnaufpause und den Kleinen intakte Spielgeräte.
La Petite France • Square des Moulins

Planetarium ▸ S. 118, C 14/15

Das Planetarium auf dem Gelände der Sternwarte der Universität Louis Pasteur bietet einen Kuppelraum mit 65 Sitzplätzen. Je nach Jahreszeit werden Sonderprogramme für Kinder ab 10 Jahren angeboten.
Université • Rue de l'Observatoire • Tram C, E: Observatoire • Tel. 03 90 24 24 50 • http://planetarium.u-strasbg.fr • Mo, Di, Do, Fr 9–12 und 14–17, Mi 9–12, So 14–18 Uhr • Eintritt 5,60 €, Kinder bis 16 Jahre 3,15 €

Le Vaisseau ▸ S. 119, südl. D 16

Kindern moderne Wissenschaft und Technik auf anschauliche Weise näher zu bringen ist erklärtes Ziel des Museums. Über 100 interaktive Installationen und ein pädagogischer Garten helfen dabei.
Neudorf • 1, rue Philippe Dollinger • Tram C, E: Winston Churchill • Tel. 03 88 44 44 00 • www.levaisseau.com • Di–So tgl. 10–18 Uhr • Eintritt Erwachsene 8 €, Kinder 3–18 Jahre 7 €, Tagesticket für vier Personen 25 €

👫 Weitere Familientipps sind durch dieses Symbol gekennzeichnet.

Großer Beliebtheit erfreuen sich die
Bootsrundfahrten auf der Ill (▶ S. 108).
Die rund 70-minütigen Touren werden
das ganze Jahr über angeboten.

Unterwegs
in Straßburg

Mittelalterliche Baukunst und die hypermoderne
Architektur der europäischen Institutionen: Die elsässische Metropole ist eine Schatztruhe für jeden Gast.

Sehenswertes
Im historischen Stadtkern von Straßburg hat jedes Gebäude seine Geschichte, und im europäischen Viertel wird Politikgeschichte geschrieben. Die moderne Straßenbahn bringt Sie rasch von hier nach dort.

◄ Das Münster (▶ S. 58) ist ein Schmuckstück der Baukunst aus drei Jahrhunderten. Sein Turm misst stolze 142 m.

Straßburg ist historisch gewachsen. Am ältesten ist der Stadtkern mit dem ehrwürdigen **Münster** in der Mitte. Je weiter Sie sich aber vom Zentrum entfernen, desto moderner werden die Gebäude bis hin zu den europäischen Institutionen am nordöstlichen Stadtrand.

Im Stadtkern ist fast jedes Haus ein Denkmal mit verspielter Architektur, Fassadenaufsätzen oder reichen Verzierungen. Und auch die zum Teil deutsch und französisch ausgewiesenen Straßennamen erzählen in Straßburg ein Stück Geschichte. Sie erinnern an historische Persönlichkeiten, mittelalterliche Berufsstände oder architektonische Besonderheiten. Obwohl die historische Bausubstanz relativ gut erhalten ist, beklagen Denkmalschützer den Abriss erhaltenswerter Gebäude. Die größten Summen des Amtes für Denkmalschutz verschlingen die ständigen Restaurierungsarbeiten am Münster.

Bel(i)ebter Stadtkern

Doch auch im historischen Stadtkern um die Kathedrale herum und in der Altstadt **La Petite France** hat man den Fassaden mit frischem Putz neuen Glanz verliehen. Das Zentrum ist tagsüber wie abends lebendiger Mittelpunkt des Stadtgeschehens. Fußgängerzonen laden zum abgasfreien Bummel ein. Das Stadtbild hat auch durch die Straßenbahn gewonnen, die wegen ihrer neuen Technologie über die Landesgrenzen hinaus berühmt geworden ist. Auf den Terrassen um das Münster herum hört man im bunten Durcheinander Sprachen aus Europa, Amerika und Asien. Sobald man sich aber vom Zentrum entfernt, entdeckt man das Straßburg der Einheimischen und Zugereisten. Der »europäische« Stadtrand wiederum ist das Ziel zahlloser Reisegruppen aus allen Mitgliedsländern der Europäischen Union, was ihn zu einer Sehenswürdigkeit eigener Art macht.

Ancienne Douane ▶ S. 117, E 11

Das mächtige »Alte Kaufhüs« an der Rabenbrücke ist heute ein beliebtes Restaurant und war im Mittelalter Lagerstätte für steuerpflichtige Waren. Das Gebäude wurde 1358 erbaut und war bis ins 18. Jh. das Handelszentrum der Stadt. Bei den Bombenangriffen von 1944 wurde das ehemalige Zollhaus stark beschädigt, um 1956 dann im alten Stil wieder aufgebaut zu werden. Auf der hölzernen Terrasse hat man beim Essen einen schönen Blick über die Ill und auf den Quai Saint-Nicolas.

Petite France • 6, rue de la Douane • Bus 10: Corbeau

Aquädukt ▶ S. 117, E 9

Das Denkmal zur 2000-Jahr-Feier der Stadt wurde 1988 eingeweiht. Der Entwurf des Aquäduktes mit dem doppelgesichtigen Januskopf im Brunnenbecken stammt vom bekannten Straßburger Karikaturisten Tomi Ungerer. Das 5 m hohe und 6 m breite Sinnbild der »Geburt der Zivilisation« wurde aus 5000 handgefertigten Ziegeln gemauert. Den 1,5 m hohen bronzenen Januskopf, Symbol der elsässischen Geschichte zwischen Deutschland und Frankreich, schuf der Bildhauer Denis Roth.

Centre • Ecke Pl. Broglie, Quai Schoepflin • Tram B, C: Broglie

Bibliothèque Nationale et Universitaire
▶ S. 118, A 13

Mit rund 3 Mio. Büchern ist dies Frankreichs zweitgrößte Bibliothek. Der Bau im Stil der italienischen Renaissance wurde 1894 eingeweiht. Zwei Besonderheiten machen die Besichtigung für deutschsprachige Besucher zusätzlich interessant: Zum einen besitzt die Universität aufgrund eines Pflichtexemplarrechts für Veröffentlichungen elsässischer Verlage eine umfassende Sammlung elsässischer Literatur – die »Elsatica« zählt 120 000 Bände. Zum anderen können Nutzer auf die frankreichweit umfangreichste Sammlung deutscher Literatur zugreifen.

Allemand • 6, pl. de la République • Tram B, C, E: République

WUSSTEN SIE, DASS...

... die Bibliothèque Nationale et Universitaire den größten deutschsprachigen Buchbestand ganz Frankreichs besitzt?

Brasserie Kronenbourg
▶ S. 116, nordwestl. A 9

Über 700 Angestellte arbeiten in dieser Brauerei, die zu den größten Europas zählt und die Nummer eins in Frankreich ist. Besucher werden durch die historischen Kellergewölbe geführt, wo die alten Bierbottiche aus Eichenholz aufgestellt sind. Dann geht es zu den modernen Anlagen.

Cronenbourg • 68, Route d'Oberhausbergen • Tram A: Ducs d'Alsace • Tel. 03 88 27 41 59 • www.brasserieskronenbourg.com • Führung Mo–Sa, Dez. und Aug. auch So, nach Reservierung für 6 €, erm. 4,50 €, Kinder bis 12 Jahre frei

La Cathédrale Notre-Dame (Münster) ⭐
▶ S. 117, E 11

Das Münster ist zu Recht weltberühmt. Gerühmt werden die Hauptfassade mit den **Portalstatuen**, der **Fensterrose** (15 m Durchmesser) und dem 142 m hohen Turm, der bis zum 19. Jh. höchster Kirchturm Europas war. Im Inneren können Sie die **Astronomische Uhr**, den **Engelspfeiler**, die **Kanzel** und die **Orgel** bewundern. Der Sakralbau, 1015 von Bischof Wernher von Habsburg als romanische Kirche begonnen, umfasst gotische (1235–1275) und hochgotische (1276–1330) Elemente. Hauptbaumeister ab 1284 war Erwin von Steinbach. Seit dem Mittelalter kümmert sich l'Œuvre Notre-Dame, die Münsterbauhütte, um die laufenden Restaurierungsarbeiten, was sie zur ältesten und einzigen Institution des Kathedralbaus in Frankreich macht.

Gelitten hat das Bauwerk durch Blitzschlag, Brände und Bomben, doch die größte Gefahr kam mit der Französischen Revolution, als 1793 gottesfeindliche Fanatiker in wenigen Tagen über 200 Skulpturen zerschlugen und sogar den Turm niederreißen wollten. Der clevere Stadtschlosser Sultzer konnte das Unheil mit einem witzigen Einfall abwenden. Er schlug vor, dem Münsterturm eine riesige Jakobinermütze aus Blech überzustülpen, um jenseits des Rheins die Feinde der Republik beim Anblick dieses Symbols der Freiheit das Zittern zu lehren. Vor 80 Jahren lauerte die Gefahr im Untergrund. Durch die Rheinkanalisation im 19. Jh. sank der Grundwasserspiegel, sodass die im feuchten Boden versenkten Eichenpfähle, die das tonnenschwere Fundament stützten,

Schimmel ansetzten. 1907 bemerkte man alarmierende Risse in den Spitzbögen unter dem Turm. In einer für die damalige Zeit bemerkenswerten Rettungsaktion spritzte der Architekt Johann Knauth eine Betonfüllung unter die tragenden Pfeiler.

Noch immer gibt das Münster Rätsel auf. 1984 beschrieb der Straßburger Ingenieur Maurice Rosart erstmals das Phänomen des »grünen Strahls«. Im Frühjahr und im Herbst, wenn Tag und Nacht die gleiche Länge haben, wandert ein mysteriöser grüner Strahl durch ein Glasfenster des südlichen Seitenschiffs bis zum Christuskopf des Kruzifixes an der Kanzel. Gefärbt wird der Strahl durch den

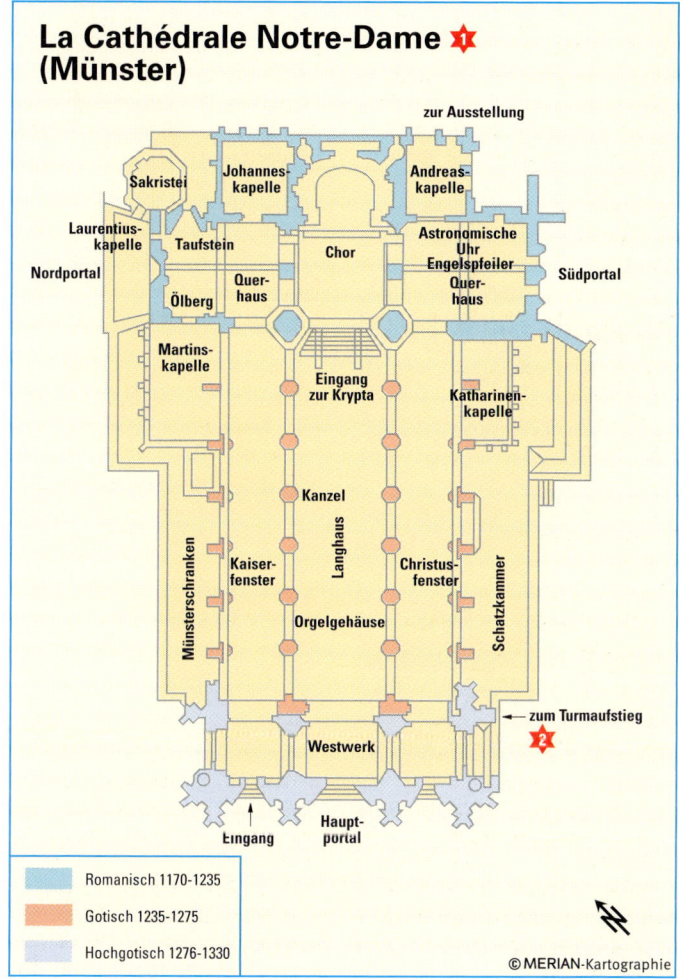

grünen Schuh des Jakobsohnes Juda, der in dem betreffenden Glasfenster verewigt ist. Das Phänomen ist jeweils sieben Tage lang am Frühlings- und Herbstanfang etwa 20 Min. lang zu beobachten, wenn die Sonne scheint. Im Frühjahr ab 11.38 Uhr, im Herbst ab 12.24 Uhr. Ungeklärt ist auch, warum der zweite Turm des Münsters niemals gebaut wurde. Ulrich von Ensingen, der Baumeister des Ulmer Münsters, hatte im 14. Jh. Pläne für einen zweiten Turm, doch wurden sie nicht verwirklicht.

Den unvollendeten **Südturm** ❷ besteigt man über 332 Stufen bis zu einer Plattform, die sich auf 66 m Höhe befindet. Der Abstieg erfolgt über eine zweite Treppe. Doch die Mühe lohnt sich. Der Blick reicht weit über die Rheinebene, westlich und nördlich bis zu den Vogesen, östlich bis zum Schwarzwald und südlich bis zum Kaiserstuhl und Jura. Einzigartig ist die Ansicht über das spitzgiebelige Dächergewirr der Altstadt. Die unzähligen Dachluken dienten ehemals als Vorratskammern, da aufgrund einer mittelalterlichen Verordnung jedes Haus verpflichtet war, für den Kriegsfall Lebensmittel für ein Jahr einzulagern.

WUSSTEN SIE, DASS...

... schon Goethe 1770 Ihren bewundernden Blick hinauf zur Münsterfront teilte?

Der neben der Plattform aufragende, 142 m hohe **Nordturm** ist nicht zugänglich. Das Geläut der **Münsterglocken** im Turm (um 22 Uhr) erinnert noch heute an historische Zwangsmaßnahmen: Von 1388 bis ins 18. Jh. hinein mussten die Juden beim Schlag der »Judenglocke« die Stadt verlassen.

Der sogenannten Dreikönigsuhr (1354–1547) des Münsters folgte eine **astronomische Uhr** (»Horloge Astronomique«), deren Gehäuse erhalten ist. Das Uhrwerk blieb allerdings 1788 – nach immerhin 232 Jahren! – stehen. Die stillstehende Uhr weckte früh das Interesse eines zu dieser Zeit 12-jährigen Straßburger Jungen, Jean Baptiste Schwilgué. Er begann alles Wissen zum Bau von Uhrwerken zu studieren und wurde tatsächlich 1832 als über 60-Jähriger mit der Erneuerung des Uhrwerks beauftragt. Der zu dieser Zeit bereits sehr angesehene Uhrmacher konstruierte für seine Heimatstadt ein einzigartiges Uhrwerk. So zeigt die Uhr zum einen die Bahnverläufe von Erde und Mond sowie Merkur und Saturn. In der Silvesternacht setzt sich ein Räderwerk in Bewegung, welches die beweglichen Feiertage des Jahres errechnet. Eine weitere Besonderheit ist das extrem langsam laufende Zahnrad. Es rekonstruiert die Präzession der Erdachse und dreht sich in 25800 Jahren genau einmal im Kreis!

Der **Engelspfeiler** (»Pilier des Anges«) vor der Uhr wird auch Weltgerichtspfeiler genannt und stützt das Gewölbe des südlichen Querschiffes. Er entstand zwischen 1220 und 1230, und seine Skulpturen gehören zu den Meisterwerken der Bildhauerei des 13. Jh. Thema sind auf drei Etagen das Weltgericht und der Jüngste Tag, oben thront Christus auf dem Richterstuhl.

Die **Kanzel** aus weißem Sandstein ist ein Prunkstück der spätgotischen Steinmetzkunst und wurde von Johannes Hammer 1486 für den freimütigen Prediger Geiler von Kaysersberg (1510) geschaffen.

Die **Orgel** wurde 1716 von Andreas Silbermann gefertigt, der gemeinsam mit seinem Bruder Gottfried der bedeutendste Orgelbauer seiner Zeit war. Der gebürtige Sachse lebte und arbeitete von 1701 bis zu seinem Tod 1734 in Straßburg. 1981 wurde die Orgel umfassend restauriert. 300 Silbermann-Pfeifen konnten erhalten werden. Das 20 m hohe, geschnitzte und vergoldete Gehäuse stammt von 1489.

WUSSTEN SIE, DASS...

... Urkunden belegen, dass bereits seit 1539 in der Weihnachtszeit ein Christbaum im Münster aufgestellt wurde?

Centre • Tram A, D: Grand'Rue • www.cathedrale-strasbourg.fr • Öffnungszeiten des Münsters: tgl. 7–11.20 und 12.35–19 Uhr, keine Besichtigung während Gottesdiensten • Besteigung der Plattform April–Sept. tgl. 9–19.15, Okt.– März 10–17.15 Uhr • 4,70 €, erm. 2,30 € • Besichtigung der Astronomischen Uhr mit Filmprojektion und Durchgang zur Apostel (Start 12 Uhr) 2 € • Kinder unter 6 Jahren frei

Cour du Corbeau ▶ S. 117, E 12

Der Rabenhof unweit des Pont du Corbeau wirkt von außen unscheinbar; Sie betreten das Gelände, indem Sie ein Holztor öffnen, in welchem ein aus Eisenstäben geformter Rabe integriert ist. Den Innenhof umrahmen schöne Fachwerkhäuser mit offenen Galerien. 1528–1854 gehörte er zu dem Gasthof »Zum Raben«. 1740 kam Friedrich der Große inkognito als Graf Dufour hierher und 1777 Joseph II. von Österreich unter dem Namen Graf Falkenstein. Heute befindet sich hier der Eingang des gleichnamigen Hotels.

Krutenau • 1, pl. du Corbeau • Bus 10: Corbeau

Wegzeiten (in Minuten) zwischen wichtigen Sehenswürdigkeiten

	Cathédrale	Conseil de l'Europe	Cour des Droits de l'Homme	Petite France	Maison Kammerzell	Maison des Tanneurs	Palais de la Musique	Palais des Rohan	Parc de l'Orangerie	Ponts-Couverts	Saint-Thomas
Cathédrale	–	30	40	15	2	15	25	5	30	20	15
Conseil de l'Europe	30	–	5	35	30	40	20	30	5	40	35
Cour des Droits de l'Homme	40	5	–	45	40	45	30	35	10	45	40
Petite France	15	35	45	–	15	0	30	20	35	5	5
Maison Kammerzell	2	30	40	15	–	15	25	5	30	20	10
Maison des Tanneurs	15	40	45	0	15	–	35	15	30	15	15
Palais de la Musique	25	20	30	30	25	35	–	30	15	45	40
Palais des Rohan	5	30	35	20	5	15	30	–	25	30	15
Parc de l'Orangerie	30	5	10	35	30	30	15	25	–	45	35
Ponts-Couverts	20	40	45	5	20	15	45	30	45	–	15
Saint-Thomas	15	35	40	5	10	15	40	15	35	15	–

Drehbrücke ▶ S. 116, C 11

Der Fußgängersteg über den Ill-Ka-
nal wurde 1880 anstelle einer Hebe-
brücke aus Holz gebaut. Während sie
früher mit einer Kurbel in Fließrichtung gedreht werden musste, genügt
heute ein Knopfdruck, um die Tou-
ristenboote passieren zu lassen.
Petite France • Rue des Moulins, Ecke
Rue du Bain-aux-Plantes • Tram A, D:
Grand'Rue

Europäisches Viertel 3

Die älteste und größte Staatenorgani-
sation Europas, der **Europarat (Conseil de l'Europe**; 1949 gegründet), hat
ihren Sitz in dem wuchtigen Bau am
nordöstlichen Stadtrand. Das **Palais
de l'Europe** wurde 1972–1977 von
dem Architekten Henry Bernard für
50 Mio. € erbaut. Beeindruckend
wirken die 38 m hohen Schrägwände
aus Aluminium und Glas auf einem
Fundament aus rotem Vogesensand-
stein. Der Runderker rechts vom
Haupteingang ist der Sitzungssaal
der Außenminister der Staatenorga-
nisation. Über 1800 Beamte aus 47
Mitgliedsländern sind hier tätig. Zu
ihren wichtigsten Aufgaben gehören
der Schutz der Menschenrechte, die
Ausarbeitung europäischer Konven-
tionen, Sozial- und Kulturpolitik.
Vier Wochen im Jahr tagt die Parla-
mentarische Versammlung, die aus
den Abgeordneten der Mitgliedsländer zusammengesetzt ist.
Das lang gestreckte Gebäude des **Europäischen Gerichtshofs für Menschenrechte (Cour Européenne des
Droits de l'Homme)** ist an zwei
glänzenden Zylindern aus Edelstahl
am Kopfende leicht zu erkennen.
Der Entwurf stammt von dem briti-
schen Architekten Richard Rogers.
Das bemalte Betonsegment der Ber-
liner Mauer vor dem Haupteingang
wurde bei der offiziellen Einweihung
im Juni 1995 aufgestellt. Hier wa-
chen Rechtsexperten aus den Euro-
paratsländern über die Einhaltung
der Grundrechte in Europa.
Eine Woche pro Monat (außer im
August) tagt das **Europäische Parlament (Parlement Européen)** der
27 EU-Länder im Glaspalast am Ufer
der Ill. 785 Abgeordnete, ihre Mitarbeiter, Dolmetscher, Beamte und
Journalisten lassen die Einwohner-
zahl der Stadt in den Sitzungswochen
um etwa 3000 Personen anwachsen,
was für Straßburg einen wichtigen
Wirtschaftsfaktor darstellt. Tagungsort der auf fünf Jahre gewählten Ver-
treter von etwa 490 Mio. Europäern
ist ein vom Pariser Architektenteam
»Architecture Studio« entworfener
futuristischer Neubau. Wie ein gewaltiger gläserner Schiffsbug mit
Aussichtsplattform liegt Europas flä-
chenmäßig größtes Bauwerk an der
Ill. Das Gebäude zählt 1133 Büros,
18 Säle und einen Plenarsaal.
– **Conseil de l'Europe** (Europarat
▶ S. 115, E 7)
Europe • Av. de l'Europe • Tram E:
Droits de l'Homme • www.coe.int •
Führungen und Studienprogramme
ab 15 Personen • keine Führungen
während der Parlamentarischen Ver-
sammlung im Jan., April, Juni und
Sept. • nur nach Reservierung beim
Besucherdienst, Tel. 03 88 41 20 29
– **Cour Européenne des Droits de
l'Homme** (Europäischer Gerichtshof
für Menschenrechte ▶ S. 115, F 7)
Européen • Rue Boecklin • Tram E:
Droits de l'Homme • www.echr.coe.int •
Einzelpersonen und Schülergruppen
ab 16 Jahre je nach Verfügbarkeit
nach Reservierung beim Besucherdienst, Tel. 03 90 21 52 17

– Parlement Européen (Europäisches Parlament ▶ S. 115, D 6/7) Européen • Tram E: Parlement Européen • Tel. 03 88/17 51 84 • www. europarl.de • Teilnahme an Plenarsitzungen für jeweils eine Stunde für Einzelpersonen ab 14 Jahren möglich, sonst sind nur Gruppenbesichtigungen nach schriftlichem Antrag möglich (Ausweis nicht vergessen!)

Goethe-Denkmal   ▶ S. 118, B 14

Vor dem Hintergrund der Alten Universität steht das Goethe-Denkmal aus dem Jahr 1904. Das Werk des Bildhauers Waegener erinnert an Goethes Aufenthalt 1770–1771, als der 21-Jährige in Straßburg Rechtswissenschaft studierte. Er bewohnte das Haus Nr. 36, Rue du Vieux-Marché-aux-Poissons, wo ein Bronzemedaillon angebracht wurde.
Allemand • Tram C, E: Gallia

Gutenberg-Denkmal   ▶ S. 117, E 11

Der Mann, der die Buchdruckerkunst nach Straßburg brachte und hier von 1439–1444 lebte, steht auf dem gleichnamigen Platz unweit des Münsters. David d'Angers schuf die Bronzestatue 1840. In der Hand hält Gutenberg eine Bibelseite mit der Inschrift »und es ward Licht«.
Centre • Tram A, D: Grand'Rue

Hôtel de Ville   ▶ S. 117, E 10

Das alte Rathaus an der Südseite der Place Broglie wurde 1730–1736 von Joseph Massol als »Hanauer Hof« für den Grafen von Hanau-Lichtenberg gebaut, der im Elsass Ländereien besaß. Zum Rathaus wurde es ab 1805. Heute empfängt der Bürgermeister die offiziellen Gäste der Stadt in den Prunkzimmern der ersten Etage.
Centre • 9, rue Brûlée (Hofeingang) • Tram B, C: Broglie

Stahl und Glas prägen den postmodernen Bau des Europäischen Gerichtshof für Menschenrechte (▶ S. 62), der 1995 fertiggestellt wurde.

Kléber-Denkmal ▶ S. 117, D 10

Dem Befehlshaber der Expeditions-armee in Ägypten hat Philippe Grass 1840 in der Mitte des gleichnamigen Platzes ein Bronzedenkmal gesetzt. Der in Straßburg geborene General wurde 1800 in Kairo von einem ägyptischen Nationalisten ermordet. Die Statue, von den Nationalsozialis-ten 1940 abmontiert, wurde 1945 wieder aufgestellt.

Centre • Tram A, B, C, D: Homme de Fer

La Petite France 4 🏛🍴

▶ S. 116, C 11

Das ehemalige Handwerkerviertel mit Gerbereien und Färbereien ist das Schönste, was die Straßburger Altstadt ihren Besuchern zu bieten hat. Deshalb ist es ständig von Tou-risten bevölkert. Früher war es übri-gens ein recht anrüchiges, finsteres Quartier. Die zum Trocknen aufge-hängten Felle und Häute der Gerber verbreiteten einen üblen Gestank, den feinere Leute mieden. Im Mittel-alter sollen hier Diebe und andere Kriminelle untergeschlüpft sein, jedenfalls vermuteten die Bürger hier allerlei Zaubereien und dunkle Geschäfte – wozu auch die Prostitu-tion gehörte. Heute ist davon nichts mehr zu merken. Seit dem 19. Jh. erfreut sich »Klein-Frankreich« gro-ßer Beliebtheit. Da das gesamte Vier-tel Fußgängerzone ist, sollte man sich die Spaziergänge durch die klei-nen Gassen mit den Fachwerk-häusern, Cafés, Restaurants und Antiquitätengeschäften entlang der verschiedenen Ill-Arme auf keinen Fall entgehen lassen.

Die **Rue du Bain-aux-Plantes**, die Hauptstraße des Altstadtviertels La Petite France, war 1279 aus nicht überliefertem Grund als »Glanzhof«

bekannt. Im 15. Jh. wurde daraus Pflanzhof, später Pflanzbad. Dieser Name bezog sich auf eine öffentliche Badestube für Frauen (Nr. 22).

Das auffälligste Haus direkt an der Ill ist das Gerberhaus, **Maison des Tan-neurs**, in dem die Sauerkrautgerich-te ausgezeichnet schmecken. Schräg gegenüber steht die ehemalige Ta-verne der Gerber, **Lohkäs**, aus dem Jahr 1651. Der Name des heutigen Restaurants erinnert an die Herstel-lung von Heizbriketts aus Eichenrin-de, mit der man die Tierfelle gegerbt hatte. Die übrigen Gerberhäuser der Straße aus dem 16. und 17. Jh. wur-den fast alle restauriert.

Angrenzend an das Viertel La Petite France, im Finkwiller-Viertel, liegt die **Rue de la Question**. Im 13. Jh. stand hier als Teil der Befestigungs-anlage der Märtyrerturm (Daumen-turm). Üblich war die Folter mit der Daumenschraube, um von den Unglücklichen Antworten auf die gestellten Fragen (Frage = »questi-on«) zu erzwingen.

Tram A, D: Grand'Rue

Maison Kammerzell ▶ S. 117, E 11

Das ehemalige Kaufmannshaus gilt als das schönste Bürgerhaus der Stadt. Das Erdgeschoss stammt aus dem 15. Jh., der Fachwerkoberbau aus dem Jahr 1589. Benannt wurde es nach seinem Besitzer im 19. Jh. Man kann noch die Winde sehen, mit der die Waren auf den Dachbo-den gezogen wurden. 1891–1892 wurde das Haus vollständig restau-riert. Die Fassade zum Münster hin ist unter den Fenstern der drei Eta-gen mit Darstellungen der Sternzei-chen geschmückt. Im Haus befindet sich ein beliebtes Restaurant. Die In-nenräume sind mit Wandmalereien

Das wohl meistfotografierte Gebäude im Gerberviertel La Petite France: die Maison des Tanneurs (▶ S. 65). Unter seinem Dach wurden einst Häute zum Trocknen aufgehängt.

des Künstlers Léo Schnug (1878–1933) verziert. Auf der Terrasse haben Sie einen guten Überblick über den Trubel auf dem Münsterplatz.
Centre • Pl. de la Cathédrale • Tram A, D: Grand'Rue

Maison des Tanneurs

▶ S. 116, C 11

Die Ursprünge dieses wunderschönen Fachwerkhauses mit der Galeriefassade auf der Ill-Seite gehen auf das Jahr 1572 zurück. Damals verbreiteten die Gerber, die ihre Tierfelle bearbeiteten, strenge Gerüche. Heutzutage verströmt dieses gutbürgerliche Restaurant den Duft seiner herrlichen Choucroute-Gerichte.
Petite France • 42, rue du Bain-aux-Plantes, La Petite France • Tram A, D: Grand'Rue

Münsterviertel ▶ S. 117, D/F 10/11

Das Gebiet rings um das Münster ist Zentrum und wichtigste Einkaufsgegend der Stadt mit zahlreichen Fußgängerzonen und erstreckt sich in dem Dreieck zwischen der Place

Broglie, der Place Gutenberg und der Place Kléber.

Die Place Broglie, der ehemalige Rossmarkt und Paradeplatz, wurde nach dem Gouverneur Marschall de Broglie benannt. Alljährlich zur Zeit des Weihnachtsmarkts herrscht hier Höchstbetrieb. An der nördlichen Längsseite hat in dem klotzigen Bau der Banque de France der junge Offizier Rouget de Lisle am 26. April 1792 erstmals die von ihm komponierte Marseillaise gesungen. Gegenüber liegt das **Alte Rathaus**, im Stil des 18. Jh. erbaut. An der Frontseite stadtauswärts steht das klassizistische **Théâtre Municipal**, das Stadttheater von 1804. Die wuchtige Säulenvorhalle mit den Statuen der sechs Musen wurde von Landolin Ohnmacht im Jahre 1821 geschaffen. Am Platz mit dem **Gutenberg-Denkmal** liegt die **Handelskammer**, der wichtigste Renaissancebau der

Stadt, den Hans Schoch 1582 als Rathaus errichtete. Die Arkaden des Erdgeschosses haben dorische, die Pilaster der ersten Etage ionische und die der zweiten Etage korinthische Kapitelle. Vom Gutenbergplatz hat man eine schöne Sicht auf die Hauptfassade des **Münsters**.

Der Hauptplatz der Stadt mit dem **Kléber-Denkmal** in der Mitte war während der Französischen Revolution Standort der Guillotine. Er ist von prächtigen Gründerzeitbauten umgeben. An der Nordseite steht die Aubette, die ehemalige Hauptwache, in der sich heute ein Café und ein Restaurant befinden.

Die **Grand'Rue** ist die älteste Durchgangsachse der Stadt und war während der Römerzeit militärische Verbindungsstraße von Tres Tabernae (Saverne) bis zum Lager am Münster. Hier stehen viele kleine Handwerkshäuser aus dem 18. Jh. Außer-

Der englisch angelegte Parc de l'Orangerie (▶ MERIAN-Tipp, S. 67) bietet neben Platz zum Fußballspielen sogar eine Storchenaufzucht und einen Streichelzoo.

dem bieten orientalische Geschäfte und Bäckereien arabische Süßigkeiten und das typische Fladenbrot an.
Tram A, D: Grand'Rue

Palais des Rohan ▸ S. 117, E/F 11

Das ehemalige Schloss der Fürstbischöfe von Straßburg an der Südseite des Münsters ist nach der Kathedrale wichtigste Station für Kunstinteressierte und sehr sehenswert. Joseph Massol hat nach Entwürfen von Robert de Cotte diesen klassizistischen Dreiflügelbau in den Jahren 1730–1742 für den Fürstbischof Armand-Gaston de Rohan-Soubise erbaut. Wegen des abfallenden Geländes hat der Prachtbau an der Ill-Seite eine Etage mehr. Drei Museen sind heute in dem Schloss untergebracht: Musée Archéologique, Musée d'Art Moderne und Musée des Arts Décoratifs (▸ S. 74, 75).
Centre • 2, pl. du Château • Bus 10: Corbeau

Parc de la Citadelle
▸ S. 119, südl. E 16

Diese Oase am modernen Esplanade-Viertel war das Kernstück des Befestigungsgürtels, den Vauban 1682–1684 aufschütten ließ. Erhalten ist der Hauptwall der Zitadelle und das dreieckige Vorwerk.
Esplanade • Rue de Boston • Tram C, E: Winston Churchill

Parc du Contades ▸ S. 114, A 8

Die von Linden beschatteten Grünflächen hinter der Synagoge »de la Paix« wurde 1764 auf dem Schließrain, dem Schießübungsplatz, angelegt. Der Name geht auf den Gouverneur der Provinz, Louis-Georges de Contades (1704–1795), zurück, dessen Koch die Gänseleberpastete

MERIAN-Tipp 9

PARC DE L'ORANGERIE ⚏
▸ S. 115, E/F 8 und
S. 119, E/F 13

Gegenüber dem Europarat liegt dieser schönste Park der Stadt mit Blutbuchen, Platanen und leuchtenden Blumenbeeten. In der Mitte hat Napoleon 1805 für die Kaiserin den Pavillon Joséphine errichtet. Heute findet sich eine bunte Mischung aus europäischen Beamten und Abgeordneten ein. Hinter Bäumen versteckt liegt das feine Schlemmerlokal Le Buerehiesel (▸ S. 23). Das Bowling-Restaurant am See (Bootsvermietung) bietet eine schöne Terrasse zum Ausruhen.
Orangerie • Av. de l'Europe • Tram E: Droits de l'Homme

erfand. Die Mieten der umliegenden Wohnungen erreichen astronomische Höhen.
Wacken • Av. de la Paix • Tram B, E
Parc du Contades

Pont du Corbeau ▸ S. 117, E 11

Über die »Schintbrück« fahren aus Deutschland kommende Autofahrer zum Münster. Früher wurden hier Verbrecher hingerichtet. Vater-, Kindesmörder und Ehebrecherinnen nähte man bei lebendigem Leib in einen Sack und warf sie in die Ill. Weinpanscher und betrügerische Händler steckte man in Käfige und hing sie in die stinkenden Abwässer der Grande Boucherie (Schlachthaus), die heute das Historische Museum beherbergt.
Centre • Tram A, D: Porte de l'Hôpital

Die Gedeckten Brücken (▶ S. 68) sind Überreste der mittelalterlichen Stadtmauer. Ihr Name ist heute irreführend, wurden sie doch im 19. Jh. durch Steinbrücken ersetzt.

Ponts-Couverts (Gedeckte Brücken) 🔴   ▶ S. 116, B 11

Überreste der Stadtmauer aus dem 14. Jh. spannen sich über die Ill-Arme. Früher versperrten sie mit Fallgattern den Eingang von Straßburg. Die vier ursprünglich gedeckten Holzbrücken wurden im 19. Jh. aus Stein neu gebaut. Die vier Türme dienten bis 1832 als Gefängnis, die Öffnungen für die Kanonen sind noch zu sehen.

Petite France • Pl. Henri Dunant • Tram B, C: Faubourg National

Rue des Juifs   ▶ S. 117, E/F 10

Die **Rue des Juifs**, eine enge Straße hinter der Kathedrale mit vielen kleinen Geschäften, war das historische Zentrum des **Judenviertels**.

Erstmals schriftlich erwähnt wurden die Juden 1146. Im 13. Jh. stand die Gemeinde unter dem Schutz des deutschen Kaisers, der für dieses Privileg viel Geld verlangte. 1338 zahlten die Juden beispielsweise eine Steuer von 60 Mark jährlich an das Heilige Römische Reich Deutscher Nation, zwölf Mark an den Bischof und 500 Mark an die Stadt. Damals lebten in der Rue des Juifs hauptsächlich Händler und Handwerker. Die Gemeinde wuchs im 14. Jh. stark an, doch die Schwarze Pest ließ den latenten Antisemitismus erneut aufflammen. Am 14. Februar 1349 wurden 2000 Juden auf einem Scheiterhaufen verbrannt. Als 20 Jahre später jüdische Familien nach Straßburg zurückkehrten, verweigerte man ihnen das Wohnrecht. Bis ins 18. Jh. mussten die Juden daher nach getaner Arbeit die Stadt verlassen, wenn um 22 Uhr die Münsterglocken schlugen. Diese »Judenglocke« ist noch heute zu hören.

Bis heute hat die Straße auch ihren Kaufmannsflair behalten. Allerdings sind Tuchläden und Handwerksbe-triebe Kleider-, Geschenkartikel- und Schuhgeschäften gewichen. Den Fassaden ist der Wohlstand ver-gangener Zeiten anzusehen.

Bis 1870 lebte in dieser Straße der letzte Straßburger Bürgermeister unter Napoleon III., Theodore Hu-mann (Nr. 5). Zu sehen ist ferner das Portal der ehemaligen Trinkstube der Maurerzunft von 1506–1789 (Nr. 9) mit einem bemerkenswerten Rundbogen auf zwei Säulen. Das Haus Nr. 11, das im 13. Jh. der Fami-lie von Batzendorf gehörte, wurde im 17. Jh. dem Zeitgeschmack ent-sprechend verändert. Die Fassade mit einem Erker wurde im Louis-XIV-Stil verkleidet, und die Außen-wand fällt durch ein Netz kleiner vierblättriger Blumen auf. Dieses Haus zeigt, dass die Straßburger Maurermeister die Kunst beherrsch-ten, lokale Traditionen mit dem Louis-XIV-Stil zu verbinden.

In den Häusern 15/19 war einst ein Badehaus untergebracht. Prinzessin Christina von Sachsen und Tante von König Ludwig XVI. bewohnte das Haus Nr. 27, das sie 1779 völlig neu aufbauen ließ. Das Ehrenportal wird von bildhauerischem Schmuck und schmiedeeisernen Elementen umrahmt, und die Mittelfenster schmücken Figuren der vier Jahres-zeiten. Nr. 30 beherbergte eine Syna-goge mit einer Schule.

Centre • Tram A, D: Grand'Rue

Saint-Thomas   ▸ S. 117, D 11

Die protestantische Kirche steht auf den Fundamenten eines bereits im 9. Jh. unter Bischof Adeloch erbau-ten Kirche, die Anfang des 11. Jh. ab-brannte. Das heutige fünfschiffige Bauwerk wurde Ende des 12. Jh. im

romanischen Stil begonnen und erst Anfang des 16. Jh. mit dem Anbau der spätgotischen Seitenkapellen ab-geschlossen.

Berühmt ist die Kirche für ihre Orgeln. Die internationale Beach-tung gilt zum einen der von Johann Andreas Silbermann 1737–1741 er-bauten und 1979 restaurierte Haupt-orgel, zum anderen der auf Plänen von Albert Schweitzer zurückgehen-den Chororgel.

WUSSTEN SIE, DASS…

… der Elsässer Theologe, Orga-nist, Philosoph und Arzt Albert Schweitzer Konzerte an der Silber-mann-Orgel in Saint-Thomas gab, um sein Urwaldspital in Lambaréné zu unterstützen?

Die Kirche birgt eine Vielzahl von Grabmälern. Das herausragendste Kunstwerk in dieser, nach dem Münster, größten Kirche der Altstadt ist das Grab des Marschalls Moritz von Sachsen (1696–1750), der für Frankreich kämpfte. Der Bildhauer Jean-Baptiste Pigalle hat dieses mo-numentale Werk aus Marmor 1756–1776 im Auftrag von Ludwig XV. ge-schaffen. Der Marschall, den »La France« noch zurückhalten will, schreitet mehrere Stufen hinab auf einen Sarg zu, den der Tod offen hält. Daneben trauert Herkules. Die in den flandrischen Kriegen besiegten Länder umrahmen als Wappentiere dieses Hauptwerk der französischen Plastik des 18. Jh.: der österrei-chische Adler, der holländische Lö-we und der englische Leopard.

Außerdem sehenswert sind der Ade-lochsarg (um 1130) im südlichen Querschiff sowie die Grabstatue des

Patriziers Nikolaus Roder von Tiersberg im nördlichen Querschiff.

Centre • Pl. Saint-Thomas • Tram A, D: Grand'Rue • Tel. 03 88 32 14 46 • www.fondation-saint-thomas.fr • tgl. Feb. 14–17, März, Nov., Dez. 10–17, April–Okt. 10–18 Uhr, Führungen auf Anfrage, keine Besichtigungen während des Gottesdienstes am Sonntagmorgen

Synagogue »de la Paix«

▶ S. 114, A 8

Der hohe Betonbau am Rand des Parc des Contades wurde 1954 von den Architekten Levy und Berst erbaut und am 23. März 1958 eingeweiht. Die zwölf Säulen stehen stellvertretend für die Stämme Israels. Die frühere Synagoge am Quai Kléber war von den Nationalsozialisten 1941 in Brand gesteckt worden. Die jüdische Gemeinde, eine der größten Frankreichs, zählt etwa 15 000 Menschen.

Wacken • 16, av. de la Paix • Tram B, E: Parc du Contades • Führungen Tel. 03 88 35 61 35

Terrasse Panoramique du Barrage Vauban

▶ S. 116, B 11

Schöner Blick auf die vier Stadttürme der Ponts-Couverts (Gedeckte Brücken) im Vordergrund, auf die Altstadt La Petite France und die Kirche Saint-Thomas bis hin zum Münsterturm. Das ehemalige Frauengefängnis nördlich vom Vauban-wehr beherbergt jetzt die **Eliteschule ENA**. Der Meisteringenieur des Sonnenkönigs Ludwig XIV., Sébastien Le Prestre Marquis de Vauban (1633–1707), hat das Wehr als Teil seiner Verteidigunganlage Ende des 17. Jh. konzipiert. Durch die Schleusentore konnte das Wasser gestaut und um den südlichen Verteidigungsgürtel der Stadt geleitet werden. Die Terrasse und das Wehr sind wegen Renovierungsarbeiten bis voraussichtlich Mitte 2011 geschlossen.

Petite France • Pl. du Quartier Blanc • Tram B, C: Musée d'Art Moderne • tgl. 9–20 Uhr

Totenmonument

▶ S. 117, F 9

In der Mitte der Place de la République steht das wohl symbolträchtigste Monument der Stadt, das Denkmal für die Gefallenen des Ersten Weltkriegs (**Monument aux Morts**). Es wurde 1936 von Léon Drivier errichtet. Eine Mutter, Straßburg, beweint die auf ihren Knien liegenden zwei Söhne. Der eine starb als deutscher Soldat, der zweite im französischen Heer, doch im Tod reichen sie sich versöhnlich die Hände.

Die Symbolkraft dieses Monuments hat auch für den Zweiten Weltkrieg ihre Gültigkeit bewahrt, als ebenfalls Brüder auf deutscher und auf französischer Seite gegeneinander kämpften. Über 130 000 Elsässer wurden nach der Annexion des Elsass 1940 zwangsweise in die deutsche Wehrmacht eingezogen, 40 000 von ihnen sind im Krieg gefallen. Die anderen **Malgré Nous** (Gegen unseren Willen), die zurückkehrten, wurden oft als Vaterlandsverräter betrachtet.

Allemand • Tram B, C, E: République

Saint-Pierre-le-Jeune Protestant 🔟

▶ S. 117, D 10

Der seit 1524 protestantische Kirchenbau wurde im Jahr 1053 geweiht. 1682 wurde der Chor an die Katholiken zurückgegeben und eine Trennwand errichtet, welche das Bauwerk bis 1898 in einen protestantischen und einen katholischen Bereich teilte. Nachdem die Katholiken mit der Église Saint-Pierre-le-Jeune

Catholique seit 1993 eine neue eigene Kirche bezogen, wurde die Zwischenwand entfernt.
Insbesondere die Lettnerorgel von Johann Andreas Silbermann ist überregional von Bedeutung. Die Innenausmalung des denkmalgeschützten Hauses ist in schlechtem Zustand und soll 2012 restauriert werden.
Centre • Tram B, C: Broglie • www.saint pierrelejeune.org • April–Okt. Mo 13–18, Di–Sa 10.30–18, So 14.30–18, Nov. Schließung um 17, Dez. Fr–So 12–17 Uhr, geführte Besichtigung Tel. 03 88 32 41 61

Universität Straßburg
▶ S. 119, C 15/16

Insgesamt 42 000 Studierende sind an Straßburgs drei Universitäten **Louis Pasteur** (Naturwissenschaften), **Marc Bloch** (Sprach- und Geisteswissenschaften) und **Robert Schuman** (Recht, Sozial- und Politikwissenschaften) eingeschrieben.
Zentralgebäude:
Esplanade/Université • Tram C, E: Esplanade
– Louis Pasteur: 4, rue Blaise Pascal
– Marc Bloch: 22, rue René Descartes
– Robert Schuman: 47, ave. de la Forêt Noire

Wasserwege
Die Altstadt Straßburgs ist auf der Südseite von der Ill und auf der Nordseite von dem künstlich angelegten **Fossé du faux Rempart (Falschwallkanal)** umgeben. Am Stadteingang bei den Gedeckten Brücken teilt sich die Ill in mehrere Arme. Das größere Stadtgebiet wird im Westen hinter dem Bahnhof von dem **Fossé des Remparts (Wallgraben)** begrenzt, im Süden und Osten vom Hafen und dem Rhein-Rhône-

Kanal. Im Norden schließt sich der Kreis durch den **Canal de la Marne au Rhin (Rhein-Marne-Kanal)**. Die Besichtigung Straßburgs vom Wasser aus ist sehr empfehlenswert.

Zürcher Brunnen
▶ S. 118, A 15

Seit 1884 erinnert dieser Brunnen an die berühmte »Hirsefahrt« der Züricher Bürger 1576. Die Schweizer wollten ihren Verbündeten beweisen, dass sie im Notfall so schnell herbeieilen, dass ein heißer Brei noch warm ankäme. Auf den damals

In der Aula der Universität fand 1949 die erste Tagung des Europarats statt.

noch wilden Flüssen Limmat, Aare und Rhein brachten sie einen in heißem Sand vergrabenen Topf Hirsebrei nach Straßburg. Nach 17 Stunden Fahrt soll er bei Ankunft tatsächlich noch warm gewesen sein.
Krutenau • Pl. du Pont-aux-Chats • Bus 10: Guillaume

Museen und Galerien Von der

Vorsteinzeit über den mittelalterlichen Handel bis zur Volks-
kunst reicht das Repertoire der Straßburger Museenland-
schaft. Einen Überblick bietet das Historische Museum.

◄ Adrien Fainsilber schuf für das Musée d'Art Moderne (▶ S. 75) einen verglasten, 22 m hohen Innenraum.

In Straßburg präsentieren elf städtische Museen eine Vielfalt von Exponaten. Viele der Museumsstandorte finden sich in unmittelbarer Nähe zum Münster. So sind allein drei Kunstmuseen im **Palais des Rohan** an der Place du Château südöstlich vom Münster zu finden. Diese sind das **Musée Archéologique** im Untergeschoss, darüber das **Musée des Beaux-Arts** und in den oberen Etagen das **Musée des Arts décoratifs**. Ebenfalls an der Place du Château befindet sich das **Musée de l'Œuvre Notre-Dame** (Nr. 3) und das **Cabinet des Estampes et des Dessins** (Nr. 5). Nur wenige Gehminuten entfernt liegt an der Rue du Vieux Marché aux Poissons das **Musée Historique**, von wo man, überquert man die Ill über die Pont du Corbeau, das **Musée Alsacien** am Quai Saint-Nicolas erreicht. Ebenfalls in der Altstadt an der Place Kléber befindet sich das **Aubette 1928**, welches sich zum Ziel gesetzt hat, »Menschen in die Malerei zu stellen, anstatt davor«. Drei weitere Museen unter städtischer Führung, das **Musée d'Art Moderne**, das **Musée Tomi Ungerer** und das **Musée Zoologique** liegen zwar nicht unmittelbar im Zentrum, sind aber mit der Trambahn leicht zu erreichen.

Museumspass und mehr

Für Personen, die während ihres Aufenthalts mehrere der städtischen Museen besuchen möchten, lohnt sich der Museumspass, der für einen Tag (8 €, erm. 4 €), für drei Tage (10 €) oder für ein ganzes Jahr (25 €) freien Eintritt in alle Straßburger Museen und ihre Sonderausstellungen bietet.

Eine umfassende und aktuelle Informationsquelle zu allen Städtischen Museen, teilweise mit virtueller Besichtigungsmöglichkeit, findet sich im Netz unter www.musees-strasbourg.org. Ein interessantes Angebot für Besucher, die neben Straßburg auch andere Städte am Oberrhein besuchen wollen, ist der Oberrheinische Museumspass, der freien Eintritt für 190 Museen in Frankreich, der Schweiz und Deutschland bietet. Der Pass wird als Jahreskarte (ab 71 €) oder als Zweitageskarte (26 €) an den Kassen angeboten. Nähere Informationen dort oder unter www.museumspass.com. Einen virtuellen Vorgeschmack auf die Sammlungen einiger der Straßburger Museen finden Sie unter www.videomuseum.fr.

Den Preis für ein Tagesticket finden Sie bei den jeweiligen Museen. Jeden ersten Sonntag im Monat ist der Eintritt frei. Gruppen mit Reservierungswünschen werden gebeten, sich Mo–Fr zwischen 8.30–12.30 Uhr unter Tel. 03 88 88 50 50 anzumelden. Weitere Informationen erhalten Sie bei der Touristinfo oder bei:

Direction des Musées ▶ S. 117, E 11
Centre • 5, pl. du Château • Bus 10: Sainte-Madeleine • Tel. 03 88 52 50 00 • www.musees-strasbourg.org

MUSEEN

Aubette 1928   ▶ S. 117, D 10

Die Räume des einstigen Vergnügungskomplexes Aubette von 1928 an der Place Kléber bilden zugleich den Ausstellungsgegenstand. Sophie Taeuber-Arp, Hans Jean Arp und Theo van Doesburgs gestalteten die vier

Etagen des Hauses in dem avantgardistischen Design ihrer Zeit als Gesamtkunstwerk. Die erste Etage ist restauriert. Unbedingt sehenswert!

Centre • Pl. Kléber • Tram A, B, C, D: Homme de Fer • Do und Sa 14–17 Uhr • Eintritt frei

Cabinet des Estampes et des Dessins ▶ S. 117, E 11

Das Kupferstichkabinett befindet sich in der dritten Etage der ehemaligen Sanitätsakademie, ein Gebäude, welches zur Zeit des Zweiten Kaiserreichs 1861 erbaut wurde. Die Ausstellung konzentriert sich auf die grafischen Künste und dokumentiert die Entwicklung von Lithografien, Radierungen, Kupferstichen und Holzschnitten der letzten 500 Jahre. Den auch überregional bedeutsamen Schwerpunkt der Sammlung bilden das 16. und 17. Jh. mit Arbeiten u. a. von Dürer, Brentel, Cranach, Raimondi und Parmigianino.

Centre • 5, pl. du Château • Bus 10: Sainte-Madeleine • Tel. 03 88 52 50 00 • Eintritt nach tel. Reservierung

Musée Alsacien ▶ S. 117, E 12

Die drei Fachwerkhäuser, die seit 1902 das Elsässische Museum beherbergen, stammen aus der gleichen Zeit wie viele Volkskunstobjekte im Innern: Möbel, Trachten, Bilder und Werkzeuge. Im Erdgeschoss werden Werkzeuge des Wein- und Ackerbaus gezeigt. In der ersten Etage ist eine elsässische Wohnstube reicher Bauern aus Wintzenheim (aus dem Jahr 1810) mit Balkendecke und Wandvertäfelung im Louis-Seize-Stil zu sehen. Relativ bescheiden ist die elsässische Keramiksammlung mit Steingut aus Soufflenheim und Betschdorf, wo heute noch getöpfert

wird. Im 18. Jh. gab es in der Region über 300 Werkstätten.

In der zweiten Etage sind schöne Beispiele religiöser Hinterglasmalerei zu finden, eine Tradition, die im übrigen Frankreich fast unbekannt ist. Kurios sind die Holzmasken der »Mehlkotzer« mit weit aufgerissenen Mäulern, aus denen im 18. und 19. Jh. das Mehl rann. In zwei Räumen sind die verschiedenen Trachten der Region ausgestellt, die sich teilweise von Dorf zu Dorf unterscheiden. Die berühmte schwarze Schleife, die heute jede Souvenirpuppe schmückt, ist übrigens nicht älter als 100 Jahre.

Krutenau • 23–25, quai Saint-Nicolas • Bus 10: Corbeau • Sa, So 10–18, Mo, Mi–Fr 12–18 Uhr • Eintritt 5 €, erm. 2,50 €, Sonderausstellungen 6 €, erm. 3 €

Musée Archéologique ▶ S. 117, E/F 11

Dieses Museum ist nach Saint-Germain-en-Laye das wichtigste seiner Art in Frankreich. Die Sammlungen im Untergeschoss des Hauptgebäudes reichen von der Vorzeit über die Bronzezeit, den Beginn des Christentums bis hin zur Völkerwanderung. Aus der Altsteinzeit (Paläolithikum, 500 000–8000 v. Chr.) stammen Reste von Tierfossilien wie ein im Rhein gefundener Mammutkiefer, ferner Objekte aus Wohn- und Grabstätten der Jungsteinzeit (Neolithikum), die in der Umgebung von Straßburg entdeckt wurden. Eine bedeutende Sammlung von Votiv- und Grabsteinen aus der römischen Zeit (1.–4. Jh.) wird ergänzt durch Zeugnisse römischer Wohnkultur wie Fresken, kleine Bronzestatuen und eine sehr schöne Vasen- und Glassammlung.

Berühmt sind die Mithrasreliefs aus Mackwiller und dem Straßburger Vorort Koenigshoffen.

Centre • 2, pl. du Château • Bus 10: Sainte-Madeleine • Sa, So 10–18, Mo, Mi–Fr 12–18 Uhr • Eintritt 5 €, erm. 2,50 €, Sonderausstellungen 6 €, erm. 3 €

Musée d'Art Moderne
► S. 116, A 11

Zeitgenössische Bildende und Grafische Kunst sowie Fotografie bilden den Fundus des Musée d'Art Moderne, dessen Glasfront sich Ill und Petite France zuwendet. Einen Schwerpunkt des Rundgang durch klassische und zeitgenössische Moderne bilden die Arbeiten von Hans Jean Arp und Sophie Taeuber-Arp. Dem Straßburger Künstler Gustave Doré ist ebenfalls ein gesonderter Saal gewidmet. Die umfangreiche grafische und fotografische Sammlung kann – sofern nicht in Wechsel-ausstellungen präsentiert – auf Anmeldung eingesehen werden.

Gare • 1, pl. Hans Jean Arp • Tram B: Musée d'Art Moderne • Sa, So 10–18, Di, Mi, Fr 12–18, Do 12–21 Uhr • Eintritt 6 €, erm. 3 €, Sonderausstellungen eingeschlossen

Musée des Arts Décoratifs
► S. 117, E/F 11

Das Kunstgewerbemuseum im Erdgeschoss des Palais des Rohan (► S. 67) ist in zwei Teile gegliedert und umfasst hauptsächlich original Straßburger Exponate. Ein Teil zeigt neben Goldschmiedearbeiten aus dem 16.–18. Jh. die international beachtete Sammlung an Fayencen aus der Manufaktur der Familie Hannong. Der in Straßburg entwickelte, zarte purpurfarbene Blumenschmuck auf weißen Tellern hat nach 1750 viele Fayencewerkstätten in Europa beeinflusst. Die Manufaktur ging im Jahr 1781 jedoch auf spekta-

Das Musée Archéologique (► S. 74) zeigt Sammlungen zur Archäologie des Elsass von der Urgeschichte bis zum Mittelalter. Im Bild Fundstücke aus der Bronzezeit.

kuläre Weise pleite. Joseph Hannong, der Enkel des holländischen Firmengründers, hatte sich mit der Herstellung des teuren Hartporzellans finanziell übernommen und landete im Gefängnis.

Der zweite Bereich im Erdgeschoss ist den Prunkgemächern der Bischöfe gewidmet. Wichtigster Raum ist das Schlafzimmer des Königs (Thronsaal), wo nach der Sitte von Versailles die Morgen- und Abendaudienzen stattfanden. Dort hängen die Porträts der vier Rohans, die von 1704–1803 den Bischofsstuhl innehatten: Armand-Gaston (1704–1749) und François-Armand (1749–1756), Louis-Constantin (1756–1779) und Louis-René-Edouard (1779–1804), der sich in die »Halsbandaffäre« um Königin Marie Antoinette verstrickte.

Centre • 2, pl. du Château • Bus 10: Sainte-Madeleine • Sa, So 10–18, Mo, Mi–Fr 12–18 Uhr • Eintritt 5 €, erm. 2,50 €, Sonderausstellungen 6 €, erm. 3 €

Musée des Beaux-Arts

▸ S. 117, E/F 11

Ein Großteil der Ankäufe des Museums für Bildende Kunst wurde noch vom Deutschen Kaiserreich finanziert. Die Auswahl traf zwischen 1889 und 1904 der Direktor der kaiserlichen Museen in Berlin, Wilhelm Bode, ein Spezialist italienischer und holländischer Malerei. Schwerpunkt heutiger Neuerwerbungen des Museums ist die noch unterrepräsentierte französische Malerei des 17. und 18. Jh. Vertreten sind die französische, flämische, holländische, spanische und italienische Schule vom 14.–19. Jh. Gemälde von Giotto, Botticelli, van Dyck, Rubens, Raffael, Tintoretto, El Greco (Mater Dolorosa, 1594–1597), Goya, Watteau, Fragonard, Delacroix und Corot haben diese Sammlung bekannt gemacht. Ein berühmtes Bild ist »La belle Strasbourgeoise« (Die schöne Straßburgerin) des Pariser Meisters Nicolas de Largillière aus dem Jahr 1703. Die Dame aus besten Bürgerkreisen fällt besonders durch ihre Tracht und den weit ausladenden Hut (»châpeau à cornes«) auf, der bis 1730 getragen wurde.

Centre • 2, pl. du Château • Bus 10: Sainte-Madeleine • Sa, So 10–18, Mo, Mi–Fr 12–18 Uhr • Eintritt 5 €, erm. 2,50 €, Sonderausstellungen 6 €, erm. 3 €

Musée Historique

▸ S. 117, E 11

Wo bereits im Jahre 1587 Metzger an den Fleischerbänken arbeiteten, inszenierten die Kuratorin Monique Fuchs und ihr Team die konfliktgeladene Stadtgeschichte mit den Mitteln modernster Museumspädagogik. Dazu wurden 1600 Exponate aus einem Fundus aus 200 000 Objekten ausgewählt und entlang dreier stadtgeschichtlich prägender Zeiträume gegliedert.

So beginnt der Gang durch die Stadtgeschichte mit einem ausführlichen Blick auf die Jahre 1262–1681, in denen Straßburg eine Freistadt des Heiligen Römischen Reiches Deutscher Nation war. Der zweite Zeitraum umfasst die Zeit von 1682 bis zur Französischen Revolution 1789–1799. Der dritte Teil bis zur Gegenwart befindet sich in Vorbereitung. Die Exponate sind durchgängig dreisprachig kommentiert (Französisch, Englisch und Deutsch) und stellen ein sehr gelungenes Bei-

spiel multimedialer Museumspräsentation dar. Drei Ausstellungsstücke seien besonders hervorgehoben: Das erste ist ein Faksimile einer lateinischen Chronik aus dem 10. Jh. Es verweist auf die zweisprachig in Altfranzösisch und Althochdeutsch verfassten Straßburger Eide (»serments de Strasbourg«) aus dem Jahr 842. In diesen leisteten Ludwig der Deutsche und Karl der Kahle einen Bündniseid, welcher in zweifacher Hinsicht einmalig ist. Zum einen stellt der Eid das erste auf französisch verfasste Dokument dar, zum anderen gilt die Schrift als älteste Urkunde, die eine sprachliche Trennung zwischen West- und Ostfranken nachweist. Zweiter Höhepunkt ist ein Gemälde von Isidore Pils, welches 1849 entstand und Rouget le Lisle zeigt, der die von ihm komponierte spätere Nationalhymne »Marseillaise« im Salon des Straßburger Bürgermeisters Dietrich im Haus 4, Place Broglie, intoniert. Der Dichter und Offizier komponierte das Kriegslied 1792 für die Rheinarmee. Unbedingt sehenswert ist zudem ein Modell der Stadt, welches den historischen Stadtkern zeigt. Militäringenieure der Vaubanakademie fertigten das 11 auf 7 m große Relief 1727 für König Louis XV.
Centre • 2, rue du Vieux Marché aux Poissons • Bus 10: Corbeau • Di–Fr 12–18, Sa, So 10–18 Uhr • Eintritt 5 €, erm. 2,50 €, Sonderausstellungen 6 €, erm. 3 € (der AudioGuide ist sehr zu empfehlen)

Musée de l'Œuvre Notre-Dame (Frauenhausmuseum)

▶ S. 117, F 11

Der Gebäudekomplex stammt aus dem 14.–16. Jh. und war früher Sitz der Münsterbauhütte. Seit 1931 sind hier Werke der elsässischen Kunst vom 13.–17. Jh. zu sehen. An erster Stelle stehen die wertvollen Originale der Münsterskulpturen, darunter die Statuen der Ecclesia und der Synagoge (1230). Einzigartig ist die Sammlung von Originalrissen, die die Werkmeister des Mittelalters für den Bau des Münsters zeichneten. Zu sehen sind zudem Glasmalereien und Baupläne des Münsters sowie eine reiche Sammlung religiöser Bilder, Skulpturen, kunstvoller Gläser, Goldschmiedearbeiten und Möbel. Zu den Malereien und Plastiken gehören die charaktervollen Büsten des Niederländers Gerhaerts von Leyden aus dem 15. Jh. und ein Hauptwerk des Meisters Konrad Witz: die heilige Magdalena und die heilige Katharina im Kreuzgang des Basler Münsters, 1445. Die Stillleben des Straßburger Künstlers Sebastian Stoskopf gehören zu den Meisterwerken des 17. Jh. Centre • 3, pl. du Château • Bus 10: Sainte-Madeleine • Di–Fr 12–18, Sa, So 10–18 Uhr • Eintritt 5 €, erm. 2,50 €, Sonderausstellungen 6 €, erm. 3 €

Musée Tomi Ungerer

▶ S. 117, D 10

Seit 2007 hat Straßburgs Museumslandschaft einen neuen Anziehungspunkt! Das Tomi Ungerer Museum – auch »Internationales Zentrum für

MERIAN-Tipp 10

INTARSIENKUNST
▶ S. 93, b 4 und a 4

Ein besonderes Souvenir sind die »marqueterie« genannten Holzgemälde mit Motiven aus der Stadt oder elsässischen Dörfern. Es sind kunstvolle Einlegearbeiten aus den Hölzern verschiedener Bäume. Der bekannteste Künstler ist neben Jean-Charles Spindler aus Boersch bei Obernai Robert Aufderbrück aus Schirmeck. Neben elsässischen Motiven finden sich im Intarsienatelier mit Galerie auch Möbelstücke und Kunstobjekte aus und mit Holz.
Marqueterie d'Art Spindler • 3, cour du Chapitre Saint-Léonard, Boersch • www.spindler. tm.fr • Tel. 03 88 95 80 17 • Mo–Sa 10–12 und 14–18 Uhr, im Aug. So, Mo geschl.

Illustration« – präsentiert in einer Gründerzeitvilla Werke und Sammlungen des wohl bekanntesten Straßburger Künstlers. Die Exponate sind Teil einer Schenkung, die der in Irland lebende Karikaturist und Kinderbuchautor seiner Heimatstadt machte. Dazu zählen 11 000 Zeichnungen, 6000 Spielzeuge sowie Poster, Plastiken, Fotos und Zeitungsartikel. Wegen regelmäßiger Neuaufhängung kann das Museum kurzzeitig geschlossen sein.
Allemand • Villa Greiner • 2, ave. de la Marseillaise • Tram B, C, E: République • Sa, So 10–18, Mo, Mi– Fr 12–18 Uhr • Eintritt 5 €, erm. 2,50 €, Sonderausstellungen 6 €, erm. 3 €

Les Secrets du Chocolat
▶ S. 93, b 4

Das Museum wenige Kilometer südlich des Straßburger Flughafens informiert auf originelle Weise über Kakao und dessen Verarbeitung zu Schokolade. Die Ausstellung ist wie eine Entdeckungstour gestaltet, an deren Ende – was sonst! – eine Tafel Schokolade überreicht wird.
Geispolsheim • Rue du Pont du Péage • Bus 62, 66: Pont du Péage • Tel. 03 88 55 04 90 • Di–Sa 10–18, So 14– 19 Uhr • Eintritt 8 €, erm. 6 €, Kinder unter 5 Jahren Eintritt frei • www. musee-du-chocolat.com

GALERIEN

Jedes Frühjahr öffnen Bildende Künstler aus Straßburg und dem Elsass ihre Ateliers für Besucher. Eine schöne Gelegenheit, Künstler und und ihre aktuellen Arbeiten am Ort ihres Schaffens kennenzulernen.
Infos unter www.ateliersouverts.net

Espace Suisse
▶ S. 117, F 10

In dieser Galerie werden die teilweise äußerst originellen Ausstellungsstücke abstrakter Künstler einfach nach dem individuellen Geschmack der Besitzer ausgewählt. Die Kunstobjekte stammen u. a. aus Deutschland, Großbritannien oder aus Südafrika. Leider nicht für jeden Geldbeutel geeignet.
Centre • 6, rue des Charpentiers • Tram B, C: Broglie • Tel. 03 88 32 50 36

Fou du Roi
▶ S. 117, F 10

Diese Galerie, nahe der Rue des Juifs gelegen, fällt aus dem üblichen Rahmen und bietet ungewöhnliches Mobiliar, Einzelstücke für Wohnzimmer oder Küche und immer wieder interessante Möbel für Kinder. Zu-

Das in der Villa Greiner untergebrachte Tomi Ungerer Museum (▶ S. 77) verdankt seine Exponate einer Schenkung des bekannten Straßburger Karikaturisten.

dem gibt es auch Designerlampen, -vasen und -geschirr.
Centre • 4, rue du Faisan • Tram A, D: Grand'Rue • Tel. 03 88 24 58 57 • www.fklein.fr

Galerie Kahn   ▶ S. 116, A 11

Die Galerie nahe dem Museum für moderne Kunst bietet auf 120 qm eine oft bemerkenswerte Auswahl abstrakter Werke aus mehreren Ländern Europas. Der Besitzer Georges-Michel Kahn ist Spezialist für die 1950er- und 1960er-Jahre.
Gare • Pl. Hans Arp • Tram B, C: Musée d'Art Moderne • Tel. 03 88 32 27 32

Galerie Nicole Buck   ▶ S. 117, E 11

Zeitgenössische Kunst, u. a. aus Afrika und Australien, in einem Gebäude aus dem 17. Jh.
Centre • 4, rue des Orfèvres • Tram B, C: Broglie • Tel. 03 88 22 63 09 • www.galerienicolebuck.net

Galerie Pascale Froessel
▶ S. 116, C 11

In der Galerie Pascale Froessel werden zeitgenössische Künstler und naive Maler ausgestellt, die als Neuentdeckungen gefördert werden. Die Inhaberin Pascale Froessel ist dafür bekannt, auf den aktuellen Zeitgeist zu reagieren.
Petite France • 14, rue des Dentelles • Tram A, D: Grand'Rue • Tel. 03 88 32 74 48 • www.galerie-pascale-froessel.fr

J.P. Ritsch-Fisch Galerie
▶ S. 116, C 10

Art Brut und verwandte Kunstrichtungen stellen die Mehrzahl der Exponate, die Ritsch-Fisch in den Ausstellungsräumen der Öffentlichkeit präsentiert.
Centre • 6, pl. Homme de Fer • Tram A, B, C, D: Homme de Fer • Tel. 03 88 23 60 74

Der schöne Renaissancebau der Universitätsbibliothek (▶ S. 58) thront an der
Place de la République, wo Studenten
gern ihre Lernpausen genießen.

Spaziergänge
und Ausflüge

Vier Spaziergänge verbinden Altes und Neues zu einem sehenswerten Ganzen: vom ehemaligen Gerberviertel bis zum Europaviertel.

La Petite France  – Durch die Altstadt

CHARAKTERISTIK: Dieser Spaziergang führt Sie durch das malerische historische Gerberviertel La Petit France **DAUER:** ca. 1 Stunde **LÄNGE:** ca. 1 km
EINKEHRTIPP: La Corde à Linge, Pl. Benjamin Zix, Tel. 03 88 22 15 17, tgl. 10.30–24 Uhr €
KARTE ▸ S. 117, E 11–S. 116, B 11

Das ehemalige Gerberviertel verdankt seinen heutigen Namen **La Petite France** der Tatsache, dass hier Anfang des 16. Jh. ein Krankenhaus stand, in dem französische Soldaten, die aus dem Krieg in Italien mit Syphilis zurückgekehrt waren, untergebracht wurden.

Place Gutenberg ▸ Place Benjamin Zix
Sie folgen der **Rue des Serruriers** entlang kleiner Ladengeschäfte und Boutiquen, überqueren die Rue de la Division Leclerc und kommen zur **Place Saint-Thomas** mit der gleichnamigen, heute protestantischen Kirche aus dem 13. Jh. Im Inneren befindet sich das berühmte Grabmal des Marschalls Moritz von Sachsen aus dem 18. Jh. Sonntags finden hier regelmäßig deutschsprachige Gottesdienste statt. Sie folgen der **Rue de la Monnaie** (deutsch: Münzgasse), wo anschließend in der **Rue des Dentelles** das Gerberviertel mit seinen engen Gassen und Holzwerkhäusern beginnt. In der Fußgängerzone säumen Antiquitätengeschäfte, Restaurants und sehenswerte Hausfassaden die Straße, die auf den Hauptplatz der Altstadt, die **Place Benjamin Zix**, mündet. Hier, am Wasserrand unter schattigen Bäumen, können Sie eine Pause einlegen und die Szenerie in sich aufnehmen. Ein guter Ort hierfür ist das Café und Restaurant La Corde a Linge, welches Tische und Stühle am Platz bereithält. Man beobachtet das rege Geschehen auf dem Fluss oder fotografiert die bekannte Maison de Tanneur. Regelmäßig stoppen **Ausflugsboote auf ihrem Weg rund um die Stadt** 10 an einer der von Personen begehbaren Ill-Schleusen vor dem Platz, um dann, einige Meter höher gepumpt, bei geöffneten Toren ihre Fahrt fortzusetzen.

Place Benjamin Zix ▸ Gedeckte Brücke
Der Gang durch die **Rue du Bain-aux-Plantes** versetzt Sie mit ein wenig Fantasie in frühere Jahrhunderte zurück. Sie biegen links in die **Rue des Moulins**, wo vielleicht gerade die kleine **Drehbrücke** in Fließrichtung gewendet wird. Über den Quai de la Petite France gehen Sie mit schönem Blick auf die an der Ill liegenden Fachwerkhäuser weiter zu den **Ponts-Couverts** 5 (Gedeckte Brücken). Hier teilt sich die Ill in vier Kanäle. »Gedeckte Brücken« ist heute eine irritierende Bezeichnung, da die im Mittelalter bestehenden überdachten Holzbrücken zwischen den heute noch stehenden Türmen im Jahr 1870 durch steinerne Neubauten ersetzt wurden. Geblieben sind die mächtigen Türme der mittelalterlichen Stadtmauer. Dahinter erhebt sich die Barrage Vauban, deren Schleusen im Verteidigungsfall das Gelände unter Wasser setzen konnte. Sobald die Renovierungsarbeiten an der Barrage Vauban abgeschlossen sind, lohnt ein Blick von der Plattform über Ponts-Couverts und Altstadt.

Entlang der Highlights – Einkaufsbummel

CHARAKTERISTIK: Angenehmes und Nützliches verbindet dieser Spaziergang auf vortreffliche Weise **DAUER:** 1–3 Stunden **LÄNGE:** ca. 2 km **EINKEHRTIPP:**

Maison Kammerzell, 16, pl. de la Cathédrale, Tel. 03 88 32 42 14, tgl. 12–14 und 19.30–23 Uhr €€€

KARTE ▸ S. 117, E 11

Ausgangspunkt dieses Bummels ist der Platz vor dem **Münster 1**. An dieser Stelle, die vor über 2000 Jahren eine natürliche Erhebung bildete, haben die Römer im Jahre 12 v. Chr. das Heerlager **Argentoratum** gegründet. Genießen Sie den Blick auf das in jahrhundertelanger Arbeit errichtete Münster und – falls noch nicht geschehen – besuchen Sie den Innenraum! Um sich einen Überblick über die Stadt zu verschaffen, lohnt der Aufstieg über 332 Stufen zur **Aussichtsplattform der Kathedrale 2**, von der Sie bei guter Sicht bis zum Kaiserstuhl, den Vogesen und zum Schwarzwald blicken können.

Münsterplatz ▸ Place Broglie

Wieder unten angelangt, können Sie an der Ecke des Münsterplatzes das historische **Haus Kammerzell** bewundern, das nach seinem Besitzer aus dem 19. Jh. benannt ist und zuletzt 1954 vollständig restauriert wurde. An diesem früheren Kaufmannshaus vorbei führt der Weg nach rechts in die Fußgängerstraße **Rue des Hallebardes** mit ihren zahllosen Boutiquen und Geschäften, die auf die ebenfalls Fußgängern vorbehaltene Rue du Dôme stößt.

Sie biegen nach links und folgen dieser wichtigen Einkaufsstraße bis zur **Place Broglie** mit dem historischen Rathaus und dem Theater mit seinen imposanten Säulen. Im 13. Jh. hieß der Platz Rossmarkt und diente als Turnierplatz für wilde Reiterspiele.

Davor erhebt sich ein Denkmal, welches General Leclerc gewidmet ist. Falls Sie mehr Zeit mitbringen, lohnt sich von hier aus ein Abstecher vorbei am von Tomi Ungerer entworfenen Aquädukt über den Pont du Théâtre zur Place de la République.

Place Broglie ▸
Place de l'Homme de Fer

Ihr Spaziergang führt Sie von der Place Broglie über die Rue de la Nuée Bleu zur kulturgeschichtlich bedeutsamen Kirche **Sainte-Pierre-le-Jeune Protestant 6** mit Silbermann-Orgel. Neben einer Krypta aus dem 7. Jh. ist vor allem der Kreuzgang mit romantischem Garten sehenswert. Über die Rue de l'Église schließen Sie die »Umwege« des Einkaufsbummels ab und gelangen zur breiten Einkaufsstraße **Rue de la Mésange** mit zahlreichen Geschäften. Diese mündet in die **Place de l'Homme de Fer**, dem belebten Straßenbahnknotenpunkt der Innenstadt.

Place de l'Homme de Fer ▸
Münsterplatz

Von hier aus können Sie über Rue du Marché und Fußgängerbrücke mit wenigen Schritten zum Einkaufszentrum **Les Halles** gelangen. Der Spaziergang führt Sie allerdings zum zentralen Platz der Stadt, der Place Kléber. Durch die **Rue des Grandes Arcades** führt der Weg bis zur **Rue des Hallebardes**, in die Sie links zum **Haus Kammerzell**, dem Ausgangspunkt des Spaziergangs, einbiegen.

Vom Kaiserplatz zum Europaviertel ❸ – Geschichte damals und heute erleben

CHARAKTERISTIK: Auf den Spuren von Kaiser Wilhelm II. und europäischer Politik **DAUER:** ca. 1 Stunde **LÄNGE:** ca. 2,5 km **EINKEHRTIPP:** Café Brant, 11, pl. de l'Université, Tel. 03 88 36 89 05, tgl. geöffnet €
KARTE ▸ KLAPPE VORNE; S. 117, F 9–S. 115, D 7

Ausgangspunkt für diesen Spaziergang ist die **Place de la République**, der ehemalige Kaiserplatz und Zent-

Der gewaltige gläserne Bau des Europäischen Parlaments (▸ S. 62).

rum der wilhelminischen Ära. Dominiert wird der Platz von dem mächtigen **Palais du Rhin**. Schräg rechts vom Kaiserpalast ist das Verwaltungsgebäude der Präfektur im ehemaligen Ministerialgebäude des Deutschen Reichs untergebracht.
Place de la République ▸ Europaviertel
Weiter nach rechts wird der Platz zur Avenue de la Liberté hin von der Uni-

versitätsbibliothek abgeschlossen. Das **Nationaltheater** und das **Konservatorium**, die in dem ehemaligen Landesausschussgebäude aus dem Jahr 1888 untergebracht sind, liegen rechts davon. Sie überqueren den Platz und folgen der breiten **Avenue de la Liberté**, die neben der Universitätsbibliothek in den Platz mündet. So gelangen Sie vor den **Pont d'Auvergne**, zur Kirche **Saint-Paul**, deren spektakuläre Fassade allerdings sehenswerter ist als der Innenraum. Sie gehen an der rechten Seite der Kirche bis zur **Avenue d'Alsace**, überqueren die Brücke **Pont F. Kennedy** und biegen links ab, um dem **Quai Rouget de l'Isle** zu folgen. Immer am Wasser entlang gelangen Sie zum **Conseil de l'Europe**. Bereits zuvor erkennen Sie auf der anderen Uferseite das weit ausgreifende Gebäude des Europäischen Parlaments. Entlang der Avenue de L'Europe umrunden Sie den abweisend wirkenden Bau des Europarats. Auf der gegenüberliegenden Seite liegt der wunderschöne **Parc de l'Orangerie**, in dem Sie eine Pause einlegen können.
Von hier gelangen Sie zurück über den Pont de la Rose Blanche und den Quai Ernest Bevin vorbei an der Tramhaltestelle zur Eingangsseite des **Europäischen Parlaments**. Auf der gegenüberliegenden Seite des Quai Ernest Bevin liegt der **Cour Européen de Droit de l'Homme**.

Durch das beliebte Münsterviertel – Sightseeing und Shopping auf einen Streich

CHARAKTERISTIK: Einkaufsbummel mit Altstadtbesichtigung **DAUER:** ca. 1 Stunde **LÄNGE:** ca. 1,5 km **EINKEHRTIPP:** Winstub Strissel, 5, pl. de la Grande Boucherie, Tel. 03 88 32 14 73, www.strissel.fr, tgl. geöffnet €
KARTE ▶ S. 117, E 11

Der Spaziergang beginnt an der **Place du Corbeau**, wo Sie den **Cour du Corbeau** besichtigen können. Vom Mittelalter bis zum 19. Jh. nächtigten hier berühmte Persönlichkeiten. Heute hat hier wieder ein Hotel der Spitzenklasse seinen Platz gefunden.

Pont du Corbeau ▶ Münsterplatz
Über den **Pont du Corbeau**, wo im Mittelalter Verbrecher ins Wasser geworfen wurden, überqueren Sie die Ill und biegen rechts ab, vorbei an dem Arkadencafé Montmartre (links) und dem **Historischen Museum** (rechts), das im ehemaligen Schlachthaus aus dem 16. Jh. untergebracht ist. Die Place de la Grande Boucherie mündet auf den Ferkelmarkt, die Place du Marché-aux-Cochons-de-Lait. Am Ferkelmarkt geradeaus gelangen Sie zum belebten aber schönen ehemaligen Fischmarkt am Ill-Ufer. Hier legen die Schiffe der Stadtrundfahren ab. Zurück geht es über die **Rue du Maroquin**, die frühere Korduangasse. Sie verdankt ihren Namen den vielen Schustern, die in den teilweise sehr gut erhaltenen, kleinen und schmalen Häusern wohnten. Am Postgebäude (rechts) vorbei kommt man auf den belebten **Münsterplatz**, und der Blick auf die hochstrebende Münsterfassade aus rosa Sandstein ist ein echter Kunstgenuss.

Münsterplatz ▶ Place Broglie
Sie überqueren den Platz entlang der Hauptfassade des **Münsters** und

stehen vor der **Maison Kammerzell**, wo man gut speisen kann. Der Weg führt am mittelalterlichen Handelshaus vorbei und rechts in die **Rue des Hallebardes**. Die Straße findet ihre Fortsetzung, wenn Sie nach links in die **Rue du Dôme** abbiegen. Sie folgen der Straße bis zur **Place Broglie**.

Place Broglie ▶ Place du Corbeau
Gleich links führt die schmale **Rue des Étudiants** geradeaus an der Place des Étudiants in die kurze **Rue de l'Outre**. Sie mündet auf der **Place Kléber**, der zur Fußgängerzone umgewandelt wurde. Dieser Platz hat im Leben der Stadt schon seit jeher eine besondere Rolle gespielt, sei es als Festplatz für Militärparaden wie für farbenprächtige Umzüge im 19. Jh. Der napoleonische General Kléber wurde unter seiner Statue auf der Platzmitte begraben. Leider zeigen die heutigen Hausfassaden um den Platz herum kaum mehr etwas von der vergangenen Pracht.
Sie biegen nach links in die **Rue des Grandes Arcades** und kommen zur **Place Gutenberg** mit der Statue des Erfinders des Buchdrucks. Der Platz erhielt seinen Namen im Jahr 1840, vorher hieß er Kräuterplatz. Vom Gutenbergplatz können Sie weiter geradeaus der **Rue du Vieux-Marché-aux-Poissons** folgen, die an der **Ancienne Douane** (rechts) vorbei zur Rabenbrücke und zum Ausgangspunkt Place du Corbeau führt.

AUSFLÜGE IN DIE UMGEBUNG

Zur Burgruine Haut-Barr

CHARAKTERISTIK: Mittelalterliche Burgruinen und schmucke Landstädtchen – ein lohnender Ausflug in die Geschichte des Unterelsass **ANFAHRT:** Über die nördliche Autobahn in Richtung Paris, Ausfahrt Saverne, ab Saverne über die Rue du Général Leclerc, nach etwa 5 km in südwestlicher Richtung über die D 171 erreicht man den Parkplatz an der Ruine **DAUER:** Halbtagsausflug **EINKEHRTIPP:** Restaurant au Château du Haut-Barr, Saverne, Tel. 03 88 91 17 61, Mo geschl. € **AUSKUNFT:**

 Agence de Développement Touristique du Bas Rhin, 9, rue du Dôme, 67061 Strasbourg, Tel. 03 88 15 45 88, www.tourisme67.com

KARTE ▸ S. 93, a 3

Etwa 50 km von Straßburg entfernt liegt die Burgruine Haut-Barr. Die großartige Aussicht lohnt die 81 Stufen hoch zum **Nordfelsen**. Nicht umsonst nannte man die Anlage im Mittelalter »Auge des Elsass«. Die Burg war eine der wichtigsten der Region, und ihr Spitzname bezog sich auf ihre besondere strategische Lage. Sie haben von hier einen Blick auf die Vogesenhöhen mit dem Einschnitt des Zorntales und können in der Ebene das Straßburger **Münster** 🔺 erkennen. Die Burg wurde im 12. Jh. auf drei durch Treppen und Stege verbundene Felsen erbaut.

Der Steg zwischen dem südöstlichen und dem Hauptfelsen heißt **Teufelsbrücke**. Die 200 m lange Anlage gehörte seit dem 12. Jh. den Straßburger Bischöfen. Eine lateinische Inschrift über dem Haupteingang erinnert daran, dass 1583 Bischof Jean de Manderscheid die Festung restaurieren ließ. Jean de Manderscheid nutzte die Burg für Saufgelage der von ihm gegründeten »Bruderschaft des Horns«: Jedes Neumitglied musste ein voluminöses Auerochsenhorn voll Wein in einem Zug leeren. 1632 wurde Haut-Barr in Folge des Dreißigjährigen Kriegs zerstört, 1743 je-

doch wieder aufgebaut. Der heute noch existierende Nordturm stammt aus dem 16. Jh., die anderen Überreste sind romanischen Ursprungs. Heute ist die Ruine Staatseigentum und an die Stadt Saverne vermietet, die dort ein Restaurant betreibt.

Auf der Rückfahrt empfiehlt sich die Besichtigung der Rosenstadt **Saverne** (Zabern), der römischen Handelsstation Tres Tabernae. Die Stadt mit heute 11 000 Einwohnern war ab 1704 Residenz der Fürstbischöfe von Straßburg. Das prachtvolle **Château des Rohan** wurde von Kardinal Louis-René-Edouard de Rohan Guéméné errichtet, nachdem das Fürstenbergschloss 1779 einer Feuersbrunst zum Opfer gefallen war. Heute ist im Schloss ein **Museum für Archäologie und Geschichte** zu besichtigen. Sehenswert auch der Yacht-Hafen vor dem Schloss und die Schleuse des Rhein-Marne-Kanals. Für die Rückfahrt nach Straßburg schlagen wir die landschaftlich schöne N 4 (Route Nationale) vor. Sie führt über **Wasselonne** und **Marlenheim** durch den Stadtteil Königshofen bis in die Innenstadt. Auf dieser Strecke haben Sie einen herrlichen Blick auf das Straßburger Münster.

Zum Kloster Mont Sainte-Odile

CHARAKTERISTIK: Die mittleren Vogesen bergen auf 826 m Höhe ein Juwel elsässischen Geisteslebens **ANFAHRT:** Autobahn Richtung Colmar, Ausfahrt Obernai, weiter auf der N 422 bis Obernai. Von dort ist die 15 km lange Strecke bis zum Odilienberg gut ausgeschildert **DAUER:** Halbtagsausflug **EINKEHRTIPP:** Hotel-Restaurant Odilienberg auf dem Klostergelände **AUSKUNFT:** Mont Sainte-Odile, 67530 Ottrott, Tel. 03 88 95 80 53, www.mont-sainte-odile.com **KARTE ▶ S. 93, b 5**

Der Odilienberg (763 m) mit dem Kloster der Schutzpatronin des Elsass liegt 43 km südwestlich von Straßburg. Bei klarer Sicht sieht man die Rheinebene, den Schwarzwald (Kniebis) und erkennt die Turmspitze des Straßburger **Münsters 1**. Sehenswert ist neben dem Klosterkomplex mit Pilgersälen, Herbergsräumen und drei Kapellen auch die über 10 km lange **Heidenmauer**, die um das gesamte Bergplateau führt und ein bedeutendes vorgeschichtliches Denkmal Frankreichs ist. Diese gewaltige Schutzanlage ist vermutlich keltischen Ursprungs.

Nicht weit vom Hauptparkplatz vor dem Klostereingang entfernt beginnt ein schmaler Pfad, auf dem Sie in etwa 20 Gehminuten bergab die **Odilienquelle** erreichen. Die Elsässer nehmen davon gerne eine Flaschenfüllung mit nach Hause, weil dem Quellwasser heilende Wirkung bei Augenleiden nachgesagt wird.

Die heilige Odilie soll um 660 in **Obernai** blind zur Welt gekommen sein. Ihr Vater, der Herzog Eticho,

Am Mont Sainte-Odile befindet sich mit der 10 km langen Heidenmauer ein in Europa einzigartiges, rund 3000 Jahre altes Zeugnis keltischer Schaffenskraft.

wollte das Mädchen deshalb töten lassen. Doch die Mutter ließ das Mädchen heimlich in ein Kloster in Burgund bringen, wo es erzogen wurde. Die Legende besagt weiter, dass das Mädchen bei seiner Taufe im Alter von zwölf Jahren sehend wurde. Sein Vater wollte es daraufhin zu einer politischen Ehe zwingen. Odilie ergriff die Flucht und entkam ihren Verfolgern, weil sich plötzlich eine Felswand auftat. Eticho kapitulierte vor dieser göttlichen Fügung und schenkte seiner Tochter reumütig seine **Festung Hohenburg**, den heutigen Odilienberg. Odilie gründete dort ein Kloster und wurde dessen erste Äbtissin.

Zu einem Zentrum kultureller Gelehrsamkeit wurde das Kloster zwischen 1167 und 1195. Die damalige Äbtissin Herrad von Landsberg, Angehörige des Geschlechts, deren Burgruine auf dem Weg nach Barr zu besichtigen ist, verfasste den berühmten »Hortus deliciarum«, den »Garten der Wonnen«, in mittellateinischer Sprache. Dieses mit farbigen Federzeichnungen und Miniaturen ausgestattete Handbuch des geistlichen und weltlichen Wissens der Zeit war eine bedeutende Handschrift des Mittelalters. Leider wurde das 648-Seiten-Opus beim Brand der Straßburger Bibliothek im Jahr 1870 vernichtet.

Im Laufe der Jahrhunderte wurde das Kloster mehrfach umgebaut und erweitert, bis es im 19. Jh. der Bischof von Straßburg erwarb. Seitdem ist es wieder ein Wallfahrtsort.

Auf der Rückfahrt lohnt eine Kaffeepause in **Obernai** 🔟, wo Odilie geboren wurde. Dieses Städtchen gehört zu den Prachtexemplaren altelsässischer Bausubstanz. Hier ist architektonisch die Vergangenheit präsent geblieben: das Mittelalter, besonders aber die Renaissance. Das Rathaus mit dem Fremdenverkehrsbüro stammt vornehmlich aus dem 16. Jh., ebenso wie die gegenüberliegende Kornhalle. Das konkurrenzlose Schmuckstück des Ortes ist der **Puits aux Six Seaux**, der Sechseimerbrunnen, aus dem Jahr 1579.

Radtour nach Saverne

CHARAKTERISTIK: Ein gemächliches Tempo eröffnet reizvolle Einblicke in ein von Weinanbau geprägtes Kulturland **ANFAHRT:** Die ca. 60 km lange Tour können geübte Radler an einem Tag bewältigen. Wollen Sie sich lieber zwei Tage Zeit nehmen, ab und zu mal eine Pause für ein gutes Essen oder eine Tasse Kaffee einlegen, gibt es mehrere Übernachtungsmöglichkeiten in den Landgasthöfen auf dem Weg **DAUER:** 1–2 Tage **EINKEHRTIPPS:** Hostellerie du Cerf, 30, rue du Général-de-Gaulle, Marlenheim, Tel. 03 88 87 73 73, Restaurant €€€, Hotel €€ • Taverne Katz, 80, Grand'Rue, Saverne, Tel. 03 88 71 16 56, Di abends und Mi geschl. €€
KARTE ▶ S. 89; S. 93, a 3

Von Straßburg aus geht es vom Stadtteil Eckbolsheim aus auf die D 45 Richtung **Breuschwickersheim**. Die Straße führt durch kleine Ortschaften in ländlicher Umgebung. Nach etwa 20 km erreichen Sie den Ort

Wolxheim, der für seinen wohlschmeckenden Riesling bekannt ist. Wolxheimer Wein hat Tradition. Bereits im Mittelalter diente der Rebensaft dieser Gegend den Handwerkern und bischöflichen Beamten als Erfrischung. Ein paar Kilometer weiter kommen Sie nach **Soultz-les-Bains** (Sulzbach) an der Weinstraße. Die ehemals dem Bistum Straßburg zugehörige Stadt zog im Mittelalter wegen ihrer berühmten Bäder viele Heilungsuchende an. Sie besitzt eine sehenswerte Kirche, deren Turm und Chor aus dem 12. Jh. stammen. Nach weiteren 7 km, die Sie jetzt auf der Straße Richtung Saverne zurücklegen, kreuzen Sie die N 4.

Rechts geht es nach **Marlenheim**. Das Städtchen, dessen Wein »Mar-

lenheimer Vorlauf« seit Jahrhunderten bekannt ist, wurde erstmals 590 urkundlich erwähnt. Hier können Sie eine Ruhepause einlegen, um einzukehren, z. B. in die **Hostellerie du Cerf** (30, rue du Général-de-Gaulle). Das Lokal ist in einer alten Poststation untergebracht und wird seit 1930 von Familie Husser geleitet. Die vielen Leckereien, traditionelle und ganz neu kreierte, schmeicheln auch dem verwöhntesten Gaumen. Die Gemüsezutaten kommen frisch aus dem Garten. Wenn es Ihnen gefällt, können Sie auch im gleichnamigen einfachen Gasthof übernachten.

Andernfalls geht es weiter auf der N 4 in Richtung **Wasselonne**. Auf dem Weg dorthin durchqueren Sie das **Krontal**, wo seinerzeit die Steine

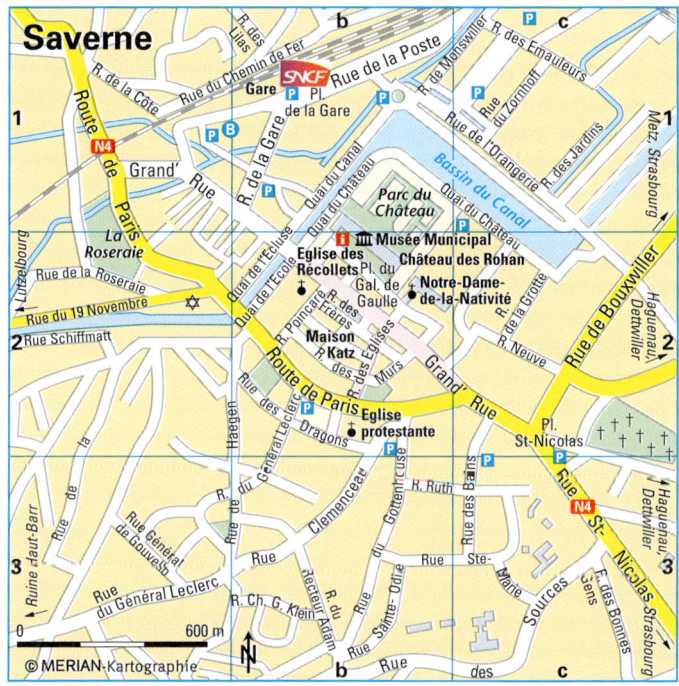

für das Straßburger **Münster** 🔺 gebrochen wurden. Die Ursprünge des heute etwa 4200 Einwohner zählenden Wasselonne gehen bis in das 18. Jh. zurück. Im Zuge der Reformation wurde die Ortschaft zu einer Festung des neuen Glaubens. Von der ehemaligen Burg, die im 17. Jh. zerstört wurde, ist heute noch ein Torturm mit Pechnase erhalten.

Von Wasselonne aus führt die Straße dann weiter durch liebliche Reblandschaften nach **Marmoutier** (Maursmünster). Marmoutier zählt zu den frühesten elsässischen Klosterniederlassungen: Es soll bereits gegen Ende des 6. Jh. gegründet worden sein. Die Benediktinerabtei ist eines der beeindruckendsten Beispiele romanischer Architektur in diesem Gebiet. Gewaltig wirkt die ehemalige Abteikirche Saint-Etienne aus dem 12. Jh., die sich mit ihrer gut erhaltenen Westfassade aus Sandstein dem Besucher offenbart. Neben dem neugotischen Chor, den Renaissance-Grabplatten und dem schönen Chorgestühl befindet sich im Innern der Kirche eine 1709 von Andreas Silbermann erbaute Orgel.

Nach den letzten 6 km erreichen Sie schließlich das Ziel, die Stadt **Saverne**, deren Name auf die römische Relaisstation »Tres Tabernae« (Drei Schenken) zurückgeht. Zu besichtigen gibt es hier die Pfarrkirche, das Alte Schloss – ehemals bischöfliche Kanzlei – sowie das herausragende Neue Schloss **Château des Rohan**, das 1770 auch Goethes Bewunderung erregte. Die ehemalige Residenz der Fürstbischöfe von Straßburg brannte 1779 ab, wurde aber im 18. und 19. Jh. neu aufgebaut. Bis 1870 diente es als Alterssitz für Witwen von Staatsmännern, danach

wurde es bis 1944 als Kaserne genutzt. Heute birgt das Château des Rohan ein kleines Museum mit Funden aus vorgeschichtlicher und römischer Zeit.

Bekannt wurde Saverne über die Regionalgrenzen hinaus durch eine äußerst peinliche Geschichte, die als »Halsbandaffäre« das Ancien Regime ins Gerede brachte. Sie passierte dem letzten der Fürstbischöfe de Rohan, Louis René (1779–1804). Dieser sehr weltlich gesinnte Bischof liebte die Frauen und das leichte Leben und war demzufolge immer knapp bei Kasse. Hinzu kam, dass er bei der Königin Marie Antoinette in Ungnade gefallen war. Um sich mit ihr auszusöhnen, wollte er ihr ein Diamantenhalsband schenken. Die Idee mit dem Halsband flüsterte ihm seine Geliebte ins Ohr, die Gräfin de la Motte Valois. In seiner Finanznot wandte sich der Kirchenmann an einen Magier namens Cagliostro, der angeblich Gold aus dem Hut zaubern konnte. Als das nicht klappte, musste Louis René die Diamanten wohl oder übel selbst bezahlen. Die Gräfin de la Motte, der er das Collier vertrauensvoll übergab, vermittelte daraufhin ein Stelldichein mit Marie Antoinette in einer Gartenlaube in Versailles.

Der arme Bischof traf dort nur für kurze Augenblicke eine tief verschleierte Frau. Seine Gräfin sah er nie wieder, die Diamanten ebenso wenig. Als die Juweliere ihr Geld reklamierten, flog der Schwindel auf, und Louis René wanderte für neun Monate in die Bastille.

Das heutige Saverne bietet aber mehr als überlieferte Episödchen aus der Vergangenheit. Sehenswert sind die alten, gut erhaltenen Fachwerkhäuser, insbesondere die **Maison Katz** aus dem Jahre 1605, in der sich heute auch eine heimelige Winstub befindet. Im Rosengarten blühen im Sommer etwa 1300 verschiedene Rosenarten. Zum Abschluss dieses Ausflugs bietet sich deshalb ein Mahl in der Taverne Katz geradezu an, einem Feinschmeckerlokal mit Spezialitäten der Region.

Zum Schiffshebewerk und nach Dabo

CHARAKTERISTIK: Schwere Kähne im mächtigen Schiffsaufzug und ein weiter Blick über die Nordvogesen **ANFAHRT:** Über die Autobahn A 4 Richtung Paris, Ausfahrt Saverne. Folgen Sie der Beschilderung Metz/Nancy und verlassen Sie die Stadt auf der D 132 Richtung Lutzelbourg. Die Strecke führt 17 km lang am Rhein-Marne-Kanal entlang, wo Sie sich bereits in Lothringen befinden. Nach der Ortseinfahrt Lutzelbourg folgen Sie dem Schild »Plan incliné« und kommen auf der D 98 nach St-Louis-Arzviller zum Schiffshebewerk **DAUER:** Tagesausflug **EINKEHRTIPPS:** Auberge des Randonneurs, 3, pl. de l'Église, Dabo, Tel. 03 87 07 47 48, tgl. geöffnet € • Hostellerie du Cerf (▶ S. 88) **AUSKUNFT:** Gîtes de France, 7, pl. des Meuniers, 67000 Strasbourg, Tel. 03 88 75 56 50, www.gites-de-france.fr

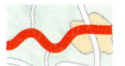

KARTE ▶ S. 93, a 3

Das in Frankreich einmalige Schiffshebewerk (»plan incliné«) fällt rechts von der Autostraße in den Blick. Dort werden bis zu 900 t schwere Lastkähne in einer Art Fahrstuhl 44,5 m hochgehoben, um eine Tagesfahrt von 4 km und die Überwindung von 17 Schleusen einzusparen. Nach dieser Tour fahren Sie weiter auf der D 98 durch die bewaldete Hügellandschaft bis zu einer ausgeschilderten Kreuzung, die nach links den Berg hinauf durch die Ortschaft **La Hoube** bis zu dem beliebten Ferienort **Dabo** (Dagsburg) führt. Der ist bereits von Weitem an seinem imposanten Burgfelsen (Rocher de Dabo) zu erkennen. Der berühmteste Sohn dieser Region war Papst Leo IX , der sich von 1048–1054 um die Kirchenreform bemühte. Auf dem Burgfelsen, der 1,5 km von der Ortschaft entfernt liegt, ist heute die Leokapelle zu besichtigen. Es lohnt sich, die 92 Stufen zum Turm hoch zu steigen, da der Ausblick über die wichtigsten Gipfel der Nordvogesen schweift. Die Rückfahrt führt 6 km zurück nach La Hoube und von dort aus sanft abfallend auf der D 45 und der D 143 durch Obersteigen und Romanswiller nach Wasselonne. Dort stoßen Sie auf die dicht befahrene N 4, die durch die Ortschaften Marlenheim, Furdenheim und Ittenheim nach Straßburg führt. Schlemmern empfiehlt sich eine längere Pause in Marlenheim, das für sein Luxusrestaurant Hostellerie du Cerf (▶ S. 88) bekannt ist. Einige Kilometer weiter, bei der Ortsdurchfahrt Furdenheim, haben Sie den schönsten Blick auf das Straßburger **Münster ⭐1** in der Rheinebene.

INFORMATIONEN

Schiffshebewerk

Auskunft Bootsfahrten und Besichtigungen: Association touristique, Route du Plan incliné, 57820 Saint-

Louis • Tel. 03 87 25 30 69 • www.plan-incline.com • Führung 5 €, erm. 3 €, Führung mit Ausflugsboot und Bimmelbahn (2,5 Std.) 11 €, erm. 9 € • Mai, Juni, Sept. an So und Fei, Juli und Aug. tgl. Abfahrtszeiten 10.30, 14.30, 16 und 17 Uhr,

Okt.–April geschl. • Eintritt 5 €, Kinder bis 12 Jahre 2,20 €

Wanderungen

Für längere Wanderungen im Parc Régional des Vosges du Nord bietet die Vereinigung Gîtes de France Informationen an.

Von Lembach zur Burgruine Fleckenstein

CHARAKTERISTIK: Lembach im Sauertal ist der Ausgangsort für eine Wanderung zu den mächtigen Burgruinen Fleckenstein und Löwenstein. Beeindruckend ist zudem die Besichtigung des Bunkergeländes Four à Chaux **ANFAHRT:** Lembach liegt 56 km nördlich von Straßburg und ist über die Autobahn A 4 nach Paris, Ausfahrt Haguenau, zu erreichen. Von Haguenau folgen Sie der D 27 durch Woerth bis Lembach **DAUER:** 6 Stunden **EINKEHRTIPP:** Hotel-Restaurant Gimbelhof, 8 km von Lembach, Tel. 03 88 94 43 58, Mo, Di geschl., 8 Zimmer €
KARTE ▶ S. 93, c 1

Ausgangspunkt ist Lembach, wo eine Befestigungsanlage der Maginot-Linie, **Four à Chaux**, zu besichtigen ist. Sie starten an der Hütte des Vogesenclubs (»chalet du club vosgien«) am nördlichen Ortsausgang in Richtung **Niedersteinbach**. Der Weg, der mit einem blauen Rechteck gekennzeichnet ist, führt am Ufer des Flüsschens **Sauer** entlang. Nach rund einer Stunde kommen Sie an einem Campingplatz vorbei. Jetzt folgen Sie der Wegmarkierung in Form eines roten Rings. Wenig später überqueren Sie die Sauer und folgen dem mit einem roten Rechteck markierten Weg bis zur imposanten **Burgruine Fleckenstein**, einst eine der gewaltigsten Burgen der Vogesen. Die Ursprünge der Stauferburg reichen zurück bis ins 12. Jh.
Von hier folgen Sie weiter dem roten Rechteck. Der Weg führt leicht ansteigend in etwa 20 Min. zur Ruine Hohenburg. Die staufische Burg wurde 1680 zerstört und bietet einen lohnenden Ausblick. Weiter geht es auf dem Weg zum gewaltigen Felsblock **Löwenstein**. Dort führt eine Treppe auf die Aussichtsplattform in 520 m Höhe. Nun geht es leicht bergab einen mit einem gelben Kreis markierten Weg entlang bis zur rustikalen Herberge **Gimbelhof**. Bis zur Hütte des Vogesenclubs sind es von hier noch etwa eineinhalb Stunden angenehmer Fußmarsch auf einem rot-weiß-rot markierten Weg.

INFORMATIONEN

Four à Chaux

Am Ortseingang von Lembach ausgeschildert • Führungen tgl. 15. März–30. April und 1. Okt.–2. Nov. 14 und 15, Mai–Sept. 10.30, 14, 15 und 16 Uhr, 3. Nov.–14. März Sa, So 14.30, 27. Dez.–30. Dez. tgl. 14.30 Uhr • Eintritt 2,50 €, erm. 2 € • Tel. 03 88 94 48 62
Burgruine Fleckenstein

Ende März–Anfang Nov. tgl. 10–17, Juli, Aug. bis 18, Jan.–März So 12–16 Uhr

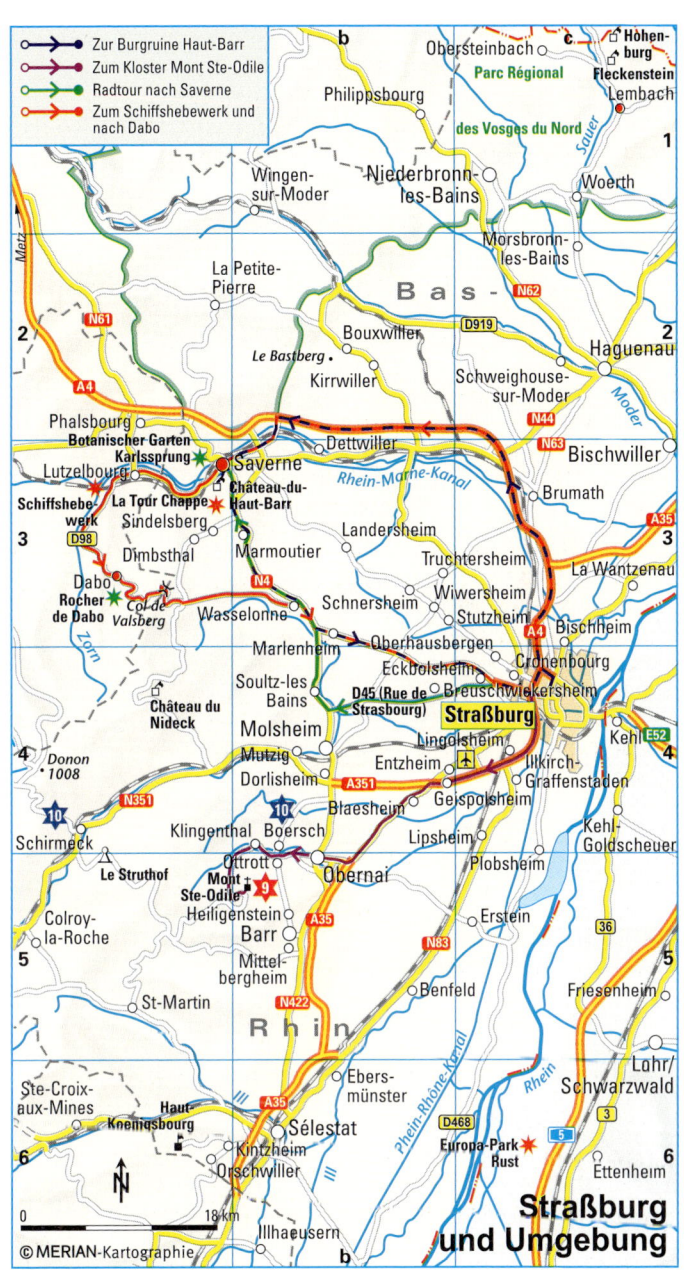

Legende:
- Zur Burgruine Haut-Barr
- Zum Kloster Mont Ste-Odile
- Radtour nach Saverne
- Zum Schiffshebewerk und nach Dabo

Straßburg und Umgebung

© MERIAN-Kartographie

Seit 2007 wölbt sich eine fast 900 Tonnen schwere Glaskuppel über den aus dem 19. Jh. stammenden Hauptbahnhof.

Wissenswertes
über Straßburg

Nützliche Informationen für einen gelungenen
Aufenthalt: Fakten über Land, Leute und Geschichte
sowie Reisepraktisches von A bis Z.

Auf einen Blick

AMTSSPRACHE: Französisch
BEVÖLKERUNG: 87 % Franzosen, 13 % Immigranten (v. a. aus den Ländern des Maghreb und der Türkei)
EINWOHNER: 275 000
FLÄCHE: 78,27 qkm
INTERNET: www.otstrasbourg.fr
RELIGION: 65 % katholisch, 20 % protestanitsch, 10 % muslimisch, 6 % jüdisch
VERWALTUNG: Straßburg ist Hauptstadt der Region Elsass (1,73 Mio. Einwohner) sowie Zentrum des nördlichen Teils, des Départements Bas-Rhin, in dem etwa 1 Mio. Menschen leben. Die Stadt Straßburg ist in 14 Quartiers (Stadtteile) gegliedert
WÄHRUNG: Euro

Bevölkerung

Straßburg ist mit 275 000 Einwohnern die siebtgrößte Stadt Frankreichs. Die Bewohner sind verhältnismäßig jung – ein Viertel ist unter 20, 60 % sind unter 40 Jahre alt. In der Stadt leben etwa 13 % Immigranten, überwiegend aus den Ländern des Maghreb und der Türkei. 10 % der Immigranten sind Deutsche, 31 % stammen aus dem restlichen Europa.

Lage und Geografie

Straßburg liegt in der Rheinebene zwischen **Vogesen** und **Schwarzwald**. Das »Centre« (Zentrum) Straßburgs mit der historischen Altstadt, auch »Grande Île« (Große Insel) genannt, wird vom Fluss Ill um-

◄ Typisch für Straßburg: die rustikalen und gemütlichen Weinstuben (► S. 27).

schlossen. Im Osten grenzt die Stadt an den Rhein, am gegenüberliegenden Ufer liegt Kehl. Die Ill entspringt im Jura und durchfließt wichtige Städte des Elsass. Sie gab der Region Elsass (von »Ill-Sass« – Bewohner am Ill) ihren Namen und mündet bei Offendorf in den Rhein. Von Straßburg aus verbinden zwei wichtige Binnenkanäle den Rhein mit Mittelmeer (**Rhein-Rhône-Kanal**) und Atlantik (**Rhein-Marne-Kanal**).

Politik und Verwaltung

Straßburg ist sowohl Hauptstadt der Region Elsass als auch des Départements »Bas-Rhin« (Unterelsass). Eine wichtige Verwaltungseinheit bildet die Stadtgemeinschaft Straßburg (**Communauté Urbaine de Strasbourg**), die aus 27 Gemeinden mit etwa 450 000 Einwohnern besteht. Ein Eurodistrikt, den die Stadtgemeinschaft Straßburg gemeinsam mit dem deutschen Ortenaukreis bildet, wird von 800 000 Menschen bewohnt. Straßburg ist zudem Sitz des Europäischen Parlaments und weiterer namhafter europäischer Institutionen. Der Stadtverwaltung steht seit 2008 der Sozialist **Roland Ries** vor. Präsident der Stadtgemeinschaft Straßburg ist **Jacques Bigot**.

Religion

Über zwei Drittel der Bevölkerung des Elsass sind katholisch, Straßburgs Münster ist Sitz des gleichnamigen Erzbistums. Etwa 20 % sind Protestanten (der Landesdurchschnitt liegt nur bei 1,4 %). Eine Besonderheit bildet die Stadt beim vergleichsweise hohen Anteil der Muslime.

Sprache

Sämtliche Medien erscheinen auf Französisch. Zu einem kleinen Teil gibt es deutschsprachige Sendungen bzw. Zeitungsausgaben. So erscheint die Straßburger Tageszeitung »DNS – Dernières Novelles d'Alsace« auch in kleinerer Auflage auf Deutsch. Mit den Jahren wird der Bevölkerungteil, der den alemannischen Dialekt **Elsässisch** fließend spricht, kleiner. In den größeren Städten Straßburg, Colmar und Mühlhausen sprechen nach neuesten Erhebungen etwa ein Drittel der Bürger Elsässer Deutsch. Auf dem Land sind es je nach Region mehr. Informationen zur offiziellen Sprachpolitik im Elsass und aktuelle Hörbeispiele bietet das »Elsassisches Sprochàmt« über ihre Netzpräsenz www.olcalsace.org.

Wirtschaft

Der Rhein als wichtiger Wasserweg, später ergänzt durch die Kanäle, bildet ein großes wirtschaftliches Potential für die Stadt. So befindet sich in Straßburg der **zweitgrößte Binnenhafen Frankreichs** und nach Duisburg auch der zweitgrößte am Rhein. Die europäischen Institutionen haben die Stadt zudem zu einer internationalen Diplomatenstadt gemacht. Zahlreiche internationale Kongresse und Messen machen Straßburg zur **zweitgrößten Kongressstadt** nach Paris. Ebenfalls stark ist die Stadt als Finanzplatz – ein Dutzend Banken haben hier ihren Firmensitz. 400 Unternehmen mit 15 000 Mitarbeitern sind in Industriebetrieben beschäftigt, die schwerpunktmäßig in den Bereichen Lebensmittel, Automobil und Chemie tätig sind. An Straßburgs Universitäten werden 42 000 Studenten unterrichtet.

Geschichte

Vor 4. Jh. v. Chr.
Fischer siedelten an der Stelle der heutigen Stadt.

4. Jh. v. Chr.
Kelten siedeln an den Ufern der Ill.

12 v. Chr.
Die Römer gründen an dem keltischen Siedlungsplatz ein befestigtes Heerlager namens Argentoratum. Aus dem lateinischen Namen (argentum: Silber, Geld) entwickelte sich im Laufe der Jahrhunderte »Strateburg«, die »Burg an den Straßen«.

357
Der römische Kaiser Julian besiegt bei Straßburg die Alemannen unter König Chnodomar.

14. Februar 842
Die Könige Ludwig der Deutsche und Karl der Kahle schließen mit den »Straßburger Eiden« einen Bündnisvertrag gegen ihren Bruder Lothar. Der Vertrag ist das erste Dokument in den Umgangssprachen Althochdeutsch und Altfranzösisch.

925
Straßburg und das Elsass werden Teil des Herzogtums Schwaben und damit des Heiligen Römischen Reiches Deutscher Nation.

1015
Unter Bischof Wernher von Habsburg wird mit dem Bau des Straßburger Münsters begonnen.

13. Jh.
Straßburg wird Freie Reichsstadt und hat dadurch den Status einer Stadtrepublik mit einer Verfassung, einem Wappen und eigener Geldprägung.

15./16. Jh.
Die Stadt im katholischen Elsass wird eine der Hochburgen der Reformation und des Humanismus.

1621
Gründung der Universität Straßburg. Die Uni zählt heute 42 000 Studenten.

1681
Der französische Sonnenkönig Ludwig XIV. annektiert die Stadt, die damit ihre Unabhängigkeit verliert.

1792
Der Offizier Rouget de Lisle komponiert das »Kriegslied für die Rheinarmee«, die spätere Nationalhymne »La Marseillaise«.

1805/06
Das kaiserliche Ehepaar Napoleon und Josephine besucht die Stadt.

1848–1854
Louis Pasteur, der Erfinder der Impfung gegen Tollwut, lehrt an der Universität. Die Naturwissenschaftliche Universität Straßburgs ist nach dem weltberühmten Chemiker und Bakteriologen benannt.

1870
Nach der Kapitulation Frankreichs im Deutsch-Französischen Krieg wird Straßburg Teil des Reichslandes Elsass-Lothringen.

1918
Nach dem Ersten Weltkrieg wird Straßburg wieder französisch.

1940

Die Nationalsozialisten annektieren die Stadt. Eine große Zahl von Elsässern wird zwangsweise in die deutsche Armee eingegliedert.

23. November 1944

Die Stadt Straßburg wird von französischen Truppen unter General Leclerc befreit.

1949

Gründung des Europarates mit damals zehn Mitgliedsstaaten.

1958

Das Europaparlament tagt erstmals in der Universität in Straßburg. Bis 1992 ist die Stadt provisorischer Sitz des Europaparlaments.

1959–1983

Als Bürgermeister von Straßburg setzt sich Pierre Pflimlin für die europäische Funktion der Stadt ein. 1984 wird der überzeugte Europäer für zweieinhalb Jahre Präsident des Europaparlamentes.

1989

Im Sommer des Jahres besucht der sowjetische Staats- und Parteivorsitzende Gorbatschow den Europarat und erläutert sein Konzept des »Europäischen Hauses«.

Im Dezember kommen auf französischen Wunsch die zwölf Staats- und Regierungschefs der Europäischen Union zu ihrem Gipfeltreffen nach Straßburg.

1992

Auf dem Gipfeltreffen der zwölf EU-Länder in Edinburgh wird Straßburg offiziell als Tagungsort des Europaparlaments bestätigt.

1995

Einweihung des neuen Gebäudes des Gerichtshofes für Menschenrechte.

10. und 11. Oktober 1997

Zweites Gipfeltreffen der 40 Mitgliedsländer des Europarats: Thema sind die demokratischen Reformen in Mittel- und Osteuropa.

1999

Das neue Gebäudes des Europaparlaments wird eingeweiht. Das Gebäude enthält Büros und einen Plenarsaal mit Sitzplätzen für 785 Parlamentarier.

2002

Die zweite Rheinbrücke südlich von Straßburg wird eröffnet.

2004

Bei der ersten binationalen Gartenschau feiern die Grenzstädte Kehl und Straßburg an den zwei Ufern des Rheins ein gemeinsames Fest.

2007

Straßburg wird Teil des europäischen Hochgeschwindigkeitsnetzes. ICE und TGV verkehren täglich nach Paris, Frankfurt und Stuttgart.

2008

Der futuristische Konzertsaal Zénith bietet 12 000 Zuschauern Platz. Die Halle im 5 km westlich von Straßburg gelegenen Eckbolsheim ist einer der größten Veranstaltungsorte Frankreichs.

2011

Das Vauban-Wehr mit Aussichtsterrasse wird nach langen Renovierungsarbeiten wieder der Öffentlichkeit zugänglich gemacht.

Sprachführer Französisch

Aussprache
~ über einem Vokal bedeutet, dass
  er nasal ausgesprochen wird:
ã   wie chance
ẽ   wie terrain
õ   wie bonbon

Wichtige Wörter und Ausdrücke
Ja – oui [ui]
Nein – non [nõ]
danke – merci [mersi]
gern geschehen – de rien [dö rjän]
Wie bitte? – comment [komã]
Ich verstehe nicht. – je ne com-
  prends pas [schö nö kõmprã pa]
Entschuldigung – pardon/excusez-
  moi [pardõ/exküseh-moa]
Hallo – salut [salü]
Guten Morgen/Tag – bonjour
  [bõschur]
Guten Abend – bonsoir [bõsuar]
Auf Wiedersehen – au revoir
  [oh röwuar]
Ich heiße … – je m'appelle
  [schö mapäl]
Ich komme aus … – je suis de
  [schö süi dö]
– Deutschland. – l'Allemagne
  [l'allmanj]
– Österreich. – l'Autriche
  [l'otrisch]
– der Schweiz. – la Suisse [la suis]
Wie geht's? – comment allez-
  vous/vas-tu [kommät alleh-
  wu/kommã wa-tü]
Danke, gut. – bien, merci
  [bjẽ mersi]
wer, was, welcher – qui, quoi, lequel
  [ki, koa, lökel]
wann – quand [kã]
wie viel – combien [kombiẽ]
wie lange – combien de temps –
  [kombiẽ dö tã]

Sprechen Sie Deutsch/Englisch?
  – parlez-vous allemand/anglais
  [parleh-wu almã/ãnglä]
heute – aujourd'hui [oschurdüi]
morgen – demain [dömẽ]
gestern – hier [iär]

Zahlen
eins – un [ẽ], une [ün]
zwei – deux [döh]
drei – trois [troa]
vier – quatre [katr]
fünf – cinq [sẽk]
sechs – six [sis]
sieben – sept [set]
acht – huit [üit]
neun – neuf [nöf]
zehn – dix [dis]
einhundert – cent [sã]
eintausend – mille [mil]

Unterwegs
rechts – à droite [a droat]
links – à gauche
  [a gohsch]
geradeaus – tout droit [tu droa]
Wie kommt man nach …? – pou-
  vez-vous m'indiquer le chemin
  pour aller à [puwe wu mẽdike lö
  schömã pur ale a]
Wo ist … – où se trouve
  [u sö truw]
– die nächste Werkstatt? – le garage
  le plus proche [lö garasch lö plü
  prosch]
– der Bahnhof? – la gare [la gar]
– die nächste U-Bahn? – l'arrêt de
  métro le plus proche [larrä dö me-
  troh lö plü prosch]
– der Flughafen? – l'aéroport
  [laehropor]
– die Touristeninformation?
  – l'office de tourisme [loffis dö
  turism]

– die nächste Tankstelle? – la station-service la plus proche
[la stasjõ servis la plü prosch]

Bitte voll tanken! – le plein s'il vous plaît [lö plё sil wu plä]

Normalbenzin – essence [esãs]

Ich möchte ein Auto/Fahrrad mieten. – je voudrais louer une voiture/un vélo [schö wudrä lueh ün voatür/ё welo]

Wir hatten einen Unfall. – on a eu un accident [õna ü ё aksidã]

Wo finde ich … – où est-ce que je trouve [uäskö schö truw]

– einen Arzt? – un médecin [ё medsё]

– eine Apotheke? – une pharmacie [ün farmasi]

Eine Fahrkarte nach … bitte!
– un ticket pour … s'il vous plaît!
[ё tikä pur …, sil wu plä]

Übernachten

Ich suche ein Hotel. – je cherche un hôtel [schö schersch ёnohtäl]

Haben Sie noch Zimmer frei …
– avez-vous encore des chambres libres [aweh-wu ãkor deh schäbrdö libr]

– für eine Nacht? – pour une nuit [pur ün nüi]

– für eine Woche? – pour une semaine [pur ün sömän]

Ich habe ein Zimmer reserviert.
– j'ai réservé une chambre [schä reserveh ün schäbr]

Wie viel kostet das Zimmer …
– combien coûte la chambre [kombiё kut la schäbr]

– mit Frühstück? – avec le petit déjeuner [awek lö pöti dehschöneh]

– mit Halbpension? – en demi-pension [ã dömi pãsiõ]

Kann ich das Zimmer sehen?
– est-ce que je peux voir la chambre [äskö schö pöh vuar la schäbr]

Ich nehme das Zimmer. – je prends la chambre [schö prã la schäbr]

Ich möchte mich beschweren.
– je voudrais porter plainte.
[schö wudrä porteh plёnt]

funktioniert nicht – ne marche pas [nö marsch pa]

Essen und Trinken

Die Speisekarte bitte! – la carte s'il vous plait [la kart sil wu plä]

Die Rechnung bitte! – l'addition s'il vous plaît [ladisjõ sil wu plä]

Ich hätte gern … – Je vais prendre – [schö wä prãdre]

Wo finde ich die Toiletten (Damen/Herren)? – où sont les toilettes? (dames/hommes) [u sõ leh toalät (dam/om)]

Kellner/-in – monsieur/mademoiselle/madame [mösjöh/madmoasel/madam]

Frühstück – petit déjeuner [pöti dehschöneh]

Mittagessen – déjeuner [dehschöneh]

Abendessen – dîner [dineh]

Einkaufen

Wo gibt es …? – où se trouve [u sö truw]

Haben Sie …? – avez-vous [aweh-wu]

Wie viel kostet …? – combien ça coûte? [kombiё sa kut]

Das ist zu teuer. – c'est trop cher [sä tro schär]

Geben Sie mir bitte 100 Gramm/ein Kilo … – je voudrais cent gramme/un kilo de [schö wudrä sä gram/ё kilo dö]

Briefmarken für einen Brief/eine Postkarte nach … – des timbres pour une lettre/carte postale pour [deh tёbr pur ün lettr/ün kart postal pur]

Kulinarisches Lexikon

A

agneau – Lamm
aiguillettes – schmale Fleischstreifen
aïl – Knoblauch
alsacienne (à l') – nach Elsässer Art
asperges – Spargel

B

baeckeoffe – Eintopfgericht
béarnaise – Buttersauce mit Eigelb,
   Kräutern, Essig oder Weißwein
bibeleskäs – gewürzter Quark
bière pression – Bier vom Fass
blanquette – Ragout

C

café au lait – Kaffee mit Milch
– crème – Kaffee mit Rahm
– express – Espresso
– glacé – Eiskaffee
canard – Ente
carpe – Karpfen
cassoulet – Eintopf mit Bohnen
charcuterie – Fleischwaren
chausson – Blätterteigtörtchen
confit – Eingelegtes (Ente oder Gans)
confiture – Marmelade
coq au vin – Huhn in Wein

D

daube – Schmortopf
dinde – Pute

E

eau – Wasser
– gazeuse – Wasser mit Kohlensäure
– minérale – Mineralwasser
– de vie – klarer Schnaps
épinards – Spinat
escalope – Schnitzel

F

farci – gefüllt
fermier – vom Bauernhof

feuilleté – in Blätterteig
ficelle – Wurst aus Schweinefleisch
filet de porc fumé – Kasseler
flammekueche – eine Art Pizza mit
   Quark, Speck und Zwiebeln
foie gras – Gänseleber
frais – frisch
fromage (blanc) – Käse (Quark)
fruits – Obst
– de mer – Meeresfrüchte
fumé – geräuchert

G

gâteau – Kuchen
gibier – Wild
glaçons – Eiswürfel
grillé – gebraten, gegrillt

H

hachis (parmentier) – Haschee
herbes – Kräuter
homard – Hummer
hors-d'œuvre – kalte Vorspeise
huile – Öl
huîtres – Austern

I

infusion de camomille – Kamillen-
   tee
– de menthe – Pfefferminztee

J

jambon de Paris – gekochter
Schinken
jus de pomme – Apfelsaft
– d'orange – Orangensaft
– de raisin – Traubensaft

K

kir royal – Champagner mit Cassis
knack – Straßburger Knackwurst
knepfle – Kartoffelknödel
kougelhopf – Hefenapfkuchen mit
   Rosinen oder Mandel

L
lait – Milch
laitue – Kopfsalat
lard – Speck
légumes – Beilagen, Gemüse
lewerknepfle – Leberknödel

M
marrons glacés – glasierte Maronen
matelote – Fischgericht
meunière (à la) – Müllerin-Art
miel – Honig
milchstriwlas – Milchspätzle
moutarde – Senf
munster – Münsterkäse

N
navarin – Hammelragout mit Rüben
nouilles – Nudeln

O
œuf – Ei
– à la coque – weiches Ei
– brouillés – Rühreier
– dur – hartes Ei
– sur le plat – Spiegeleier
ofekiechlas – Elsässer Plätzchen
oiseau sans tête – Roulade

P
pain – Brot
panaché – Bier mit Limonade
pâtes – Teigwaren
pâtisserie – Kuchenbäckerei, Gebäck
petite salé – gekochtes Schweinefleisch
plat du jour – Tagesgericht
poires – Birnen
poisson – Fisch
poivre (vert) – (grüner) Pfeffer
pommes – Äpfel
– de terre – Kartoffeln
porc – Schweinefleisch
potage – Suppe
pot au feu – gekochtes Rindfleisch
   in Gemüsebrühe

poulet – Hühnchen
presskopf – Schweinskopfsülze
profiterolles – Windbeutel mit
   Schokoladensauce
prunelle – Schlehe, eine Elsässer
   Schnapsspezialität

R
râble de lièvre – Hasenrücken
rillettes – Pastete aus gehacktem,
   gebratenem Schweinefleisch
riz – Reis

S
sanglier – Wildschwein
saucisse – Würstchen
saucisse de Strasbourg – »Knack«,
   auch »Strosburjer Knackwurscht«
sauté – geschmort
sel – Salz
sucre – Zucker

T
thé au citron – Tee mit Zitrone
– au lait – Tee mit Milch
– nature – schwarzer Tee
tisane – Kräutertee

V
veau – Kalb
velouté – Cremesuppe
verre – Glas
vin blanc – Weißwein
– en fût – Fasswein
– maison – Hauswein
– nouveau – junger Wein
– rosé – Roséwein
– rouge – Rotwein
– sec – trockener Wein
vinaigre – Essig

W
wädele – Schweinshaxe, mit Kartof-
   felsalat und Meerrettich serviert
Wässerstriwela – Eierteig, pochiert
   und in Butter gebraten

Reisepraktisches von A–Z

ANREISE

MIT DEM AUTO

Straßburg liegt etwa 140 km von Basel entfernt, 160 km von Stuttgart und 80 km von Freiburg. Mit dem Auto erreichen Sie Straßburg über die Autobahn Karlsruhe–Basel (A 5), Ausfahrt Freudenstadt/Straßburg. Nach der Überquerung der Europabrücke Kehl ist der Weg ins Stadtzentrum ausgeschildert. Aus nördlicher Richtung kommend empfiehlt sich bei Überlastung der A 5 als Schleichweg der Rheinübergang Iffezheim/Gambsheim bei der Ausfahrt Baden-Baden und anschließend über die Landstraße (route départementale 300) nach Straßburg, die vierspurig ausgebaut wurde. Auf dieser Strecke erreichen Sie das Stadtzentrum über den französischen Autobahnanschluss der A 4. Eine sehr einfache Orientierungshilfe bietet Ihnen dabei der weithin gut sichtbare Münsterturm. Eine weitere Alternative bei Überlastung des Autobahnabschnitts Ludwigshafen–Baden-Baden ist die Anreise über Landau in der Pfalz (A 65). Wählen Sie die Ausfahrt Straßburg, wobei Sie auf der Landstraße die deutsch/französische Grenze bei Lauterburg überqueren. Dort stoßen Sie auf die oben erwähnte Route (départementale 300).

Mehrere Rheinbrücken befinden sich nördlich von Straßburg zwischen Wintersdorf und Beinheim (D 87), bei Iffezheim (D 4) und südlich der Europabrücke zwischen Altenheim nahe Offenburg und Eschau, zwischen Nonnenweier und Erstein (D 426), zwischen Sasbach und Marckolsheim (D 424), bei Breisach (N 415), bei Neuenburg (D 39) sowie bei Mülhausen auf der Autobahn. Rheinfähren können Sie bei Plittersdorf nördlich von Rastatt, bei Greffern auf der Höhe von Bühl und bei Kappel auf der Höhe von Lahr nehmen.

MIT DER BAHN

Seit 2007 ist Straßburg von Stuttgart in 1 Std. 15 Min., von Frankfurt in 2 Std. 6 Min. und in 3 Std. 52 Min. von München erreichbar. Möglich macht dies die Hochgeschwindigkeitsverbindung mit TGV und ICE. Die Fahrzeit von Basel beträgt 1 Std. 10 Min., von Zürich 2 Std. 10 Min.

Am Straßburger Bahnhof finden Sie sowohl einen Taxistand als auch eine Bushaltestelle mit einer Verbindung ins Zentrum. Zu Fuß brauchen Sie etwa 15 Min. bis zur Fußgängerzone am Münster. Die Haltestelle der supermodernen Straßenbahn, die seit 1994 verkehrt, liegt unter dem Bahnhofsvorplatz. Die Tram verbindet auf dem Weg durchs Zentrum die Vororte Illkirch-Graffenstaden und Hautepierre.

MIT DEM FLUGZEUG

Der Straßburger Flughafen ist übersichtlich, sodass endlose Fußmärsche zu den Schaltern entfallen. Etwa 1,8 Mio. Passagiere werden pro Jahr abgefertigt, wobei die meisten von ihnen in die Hauptstadt Paris fliegen. Der Flughafen bietet ein Restaurant, eine Bar, mehrere Boutiquen, Wechselstuben, internationale Presse und Mietwagenfirmen. Im Sommer werden Charterflüge in Feriengebiete angeboten. Flugziele in französischen Übersee-Départements wie

Martinique können preislich interessant sein.

Auf www.atmosfair.de und www.myclimate.org kann jeder Reisende durch eine Spende für Klimaschutzprojekte für die CO_2-Emission seines Fluges aufkommen.

Aéroport International Strasbourg

Tel. 03 88 64 67 67 • www.strasbourg.aeroport.fr

VOM FLUGHAFEN IN DIE STADT

Vom Flughafen Straßburg-Entzheim, der 15 km südwestlich vom Zentrum liegt, erreichen Sie Ihre Ziele in der Stadt am günstigsten mit dem Pendelzug, am bequemsten mit dem Taxi. Die Taxifahrt dauert etwa 20 Min. und kostet je nach Gepäckmenge und Tageszeit zwischen 25 € (tagsüber) und 40 € (nachts und So). Ein Pendelzug verbindet Flughafen und Bahnhof in 9 Min. Fahrzeit. Die Fahrkarte kostet 3,60 €. Der Zug verkehrt Mo–Fr von 5.20–20.40 Uhr bis zu viermal die Std., Sa von 6–19.30 Uhr zweimal die Stunde und So von 8.15–29.25 ein- bis zweimal die Stunde. Pendelbusse ergänzen den Fahrplan der Züge zu späterer Stunde. Die Parkplätze am Flughafen kosten ab 15,50 € pro Tag (P1, P2, P4). Jeder weitere Tag ab 6 €.

AUSKUNFT

IN DEUTSCHLAND, ÖSTERREICH UND DER SCHWEIZ

Atout France

– Zeppelinallee 37, 60325 Frankfurt/Main • Tel. 09 00/1 57 00 25 (0,49 €/Min.) • http://de.franceguide.com
– Lugeck 1–2 (Stg. 1/Top 7), 1010 Wien • Tel. 09 00/25 00 15 (0,68 €/Min.) • http://at.franceguide.com

– Rennweg 42, 8021 Zürich • Tel. 09 00/90 06 99 (Einwahl 1,20 €, 0,30 €/Min.) • http://ch.franceguide.com

IN STRASSBURG

Office du Tourisme   ▶ S. 117, E 11

Centre • 17, pl. de la Cathédrale • Tel. 03 88 52 28 28 • www.ot-strasbourg.fr • tgl. 9–19 Uhr

Pavillon d'Accueil   ▶ S. 116, A 10

Gare • Pl. de la Gare (in der unterirdischen Bahnhofspassage) • Tel. 03 88 32 51 49 • Mo–Sa 9–19, So 9–12.30 und 13.45–19 Uhr

BUCHTIPPS

Tomi Ungerer: Die Gedanken sind frei, meine Kindheit im Elsass (Diogenes, 1999) Für alle, die mehr über das Elsass und die Mentalität der Elsässer wissen möchten, empfehlen wir das autobiografische Buch von dem wohl bekanntesten Künstler Straßburgs. Der Zeichner, Karikaturist und Schriftsteller Tomi Ungerer schreibt lebendig und anschaulich über seine Kindheit zur Zeit der deutschen Besetzung während des Dritten Reichs. Die zahlreichen Fotos und Zeichnungen steigern das Lesevergnügen.

Emma Guntz und André Weckmann (Hrg.): Elsaß – ein literarischer Reisebegleiter (Insel, 2001) Das Werk bietet einen interessanten Einblick in das elsässischsprachige literarische Schaffen. Das Land zwischen den Vogesen und dem Rhein wird dem Leser in literarischen Kurzbetrachtungen bekannter und weniger bekannter elsässischer Autoren näher gebracht. Zu den bekanntesten Autoren im Buch zählen Yvan Goll, Hans Arp, René Schickele, Jean-Paul Sartre und natürlich der bereits angesprochene Tomi Ungerer. Als kleine Zugaben haben die Herausgeber dem Band drei literarische Wanderungen durch die Vogesen beigegeben.

Hans Peter Hoffmann: Langsame Zeit – Eine Reise im Elsaß (Klöpfer & Meyer, 2007) Der Tübinger Autor wirft einen literarischen Blick über den Rhein und liefert dem Leser Reflexionen und Beobachtungen von hoher Assoziationskraft – elegant und bezaubernd.

Zum Elsass sind ein Band der Reihe MERIAN *live!* (TRAVEL HOUSE MEDIA, 2010) sowie Der Grüne Reiseführer von MICHELIN (TRAVEL HOUSE MEDIA, 2010) im Handel erhältlich.

DIPLOMATISCHE VERTRETUNGEN

Generalkonsulat der Bundesrepublik Deutschland ▶ S. 118, B 13

Allemand • 6, quai Mullenheim • Tel. 03 88 24 67 00

Generalkonsulat der Republik Österreich ▶ S. 114, A 8

Allemand • 29, ave. de la Paix • Tel. 03 88 35 13 94

Generalkonsulat der Schweiz ▶ S. 118, D 13

Orangerie • 23, rue Herder • Tel. 03 88 35 00 70

FEIERTAGE

1. Jan. Jour de l'An (Neujahr)
Lundi de Pâques (Ostermontag)
1. Mai Fête du Travail
8. Mai Armistice de 1945 (Ende des Zweiten Weltkriegs)
Karfreitag
Ascension (Christi Himmelfahrt)
Lundi de Pentecôte (Pfingstmontag)

14. Juli Nationalfeiertag Erstürmung der Bastille
15. Aug. Assomption (Mariä Himmelfahrt)
1. Nov. Toussaint (Allerheiligen)
11. Nov. Armistice de 1918 (Waffenstillstand und Ende des Ersten Weltkriegs)
25. Dez. Noël (Weihnachten)
26. Dez. St. Etienne

GELD

Kreditkarten sind in Frankreich sehr gebräuchlich, vor allem die von Visa, American Express, Eurocard und Diners. **Banken** haben in der Regel Mo–Fr von 9–12 und 14–17 Uhr geöffnet.

INTERNET

www.ot-strasbourg.fr
Offizielle Seite der Tourismusinformation von Straßburg mit deutschsprachigen Informationen.

www.strasbourg.fr
Die offizielle Webseite der Stadt Straßburg, bietet ebenfalls einen deutschsprachigen Internetauftritt.

www.plan-strasbourg.com
Falls Ihr Computer Flash-Anwendungen unterstützt, können Sie hier auf eine detaillierte Karte Straßburgs und Umgebung mit komfortabler Suchfunktion von Straßen, Hotels, Restaurants etc. zugreifen.

www.tourism-alsace.com
Deutschsprachige Auskünfte zu der gesamten Region Elsass.

www.olcalsace.org
Interessierte an Sprache und Kultur sind beim Webauftritt des »Amts für Sprache und Kultur im Elsass (OLCA)« genau richtig.

www.europa.eu
Straßburg ist neben Brüssel die zweite »europäische Hauptstadt«. Infor-

mationen über die Europäische Union gibt es hier.

www.coe.int

Viel Info zum Europarat und dem Europäischen Gerichtshof (beide ebenfalls mit Sitz in Straßburg).

MEDIZINISCHE VERSORGUNG

KRANKENVERSICHERUNG

Die Vorlage einer Europäischen Krankenversicherungskarte (EHIC) ist ausreichend. Als zusätzlicher Versicherungsschutz empfiehlt sich der Abschluss einer Auslandskrankenversicherung, da diese – anders als die EHIC – Krankenrücktransporte mitversichert.

KRANKENHAUS

Hôpitaux Universitaires de Strasbourg ▶ S. 117, E 12

Finkwiller • 1, pl. de l'Hôpital • Tel. 03 88 11 67 68 • www.chru-strasbourg.fr Giftrufnummer der Uniklinik (Centre Anti-Poisons) Tel. 03 88 37 37 37

APOTHEKEN

Apotheken sind in der Regel von Mo–Sa von 9–13 und 14–18.30 Uhr geöffnet.

NOTRUF

Euronotruf Tel. 112 (Polizei, Feuerwehr, Rettungsdienst)

NEBENKOSTEN

1 Tasse Kaffee	2,00–3,00 €
1 Bier	1,50–3,00 €
1 Cola	1,50–2,50 €
1 Brot (ca. 500 g)	1,50 €
1 Baguette	0,50–0,65 €
1 Schachtel Zigaretten	4,50–5,50 €
1 Liter Benzin	1,12 €
Mietwagen/Tag	ab 80,00 €

POST

Für Ansichtskarten und Briefe bis 20 g nach Deutschland, Österreich und in die Schweiz zahlen Sie 0,70 €. Briefmarken sind in Postämtern und Tabakläden erhältlich. Die Briefkästen in Frankreich sind gelb.

REISEDOKUMENTE

Deutsche, Österreicher und Schweizer können mit einem gültigen Reisepass oder Personalausweis (Identitätskarte) einreisen. Kinder unter 16 Jahren müssen im Pass eines Elternteils eingetragen sein oder benötigen einen Kinderausweis.

REISEKNIGGE

Der Service im Restaurant ist in der Rechnung inbegriffen. Es ist aber allgemein üblich, je nach Zufriedenheit bis zu 10 % der Summe als **Trinkgeld** zu geben. Taxifahrer freuen sich ebenfalls über einen Aufschlag. An der Theatergarderobe sind kleine Summen (50 Cent) angemessen, bei einem besonders höflichen Hotelpagen darf es, je nach Ihrem Ermessen, auch mehr sein. Das Trinkgeld wird in Restaurants gewöhnlich nicht in Form einer aufgerundeten Gesamtsumme bezahlt, sondern nachträglich auf dem Tisch liegen gelassen.

Bei **Essgewohnheiten und Tischsitten** sollten Sie beachten, dass es in ganz Frankreich unüblich ist, sich selbst einen Tisch auszusuchen. In aller Regel wartet man im Eingangsbereich des Restaurants, bis einem ein freier Platz zugewiesen wird. Es ist nicht üblich, dass jede am Tisch sitzende Person einzeln zahlt, also sprechen Sie sich gegebenenfalls vor Zahlung der Rechnung ab und verrechnen die gezahlte Summe später innerhalb Ihrer Gruppe.

Sie können in der Stadt Straßburg davon ausgehen, dass ein Großteil der Kellner und Kellnerinnen und des Hotelpersonals **Deutsch** spricht. Es ist jedoch ein Gebot der Höflichkeit, Gespräche auf Französisch zu beginnen – falls Ihnen das von Ihren Sprachkenntnissen her möglich ist –, Ihr Gesprächspartner wird dann rasch in das Elsässische wechseln, wenn er oder sie es beherrscht.

REISEWETTER

Am schönsten ist es in Straßburg im Frühjahr und Sommer, allerdings kann es im August sehr warm werden. Dennoch eignet sich dieser Monat besonders zu einem Besuch, da das Verkehrsaufkommen dann erheblich geringer ist.

STADTRUNDFAHRTEN

Visite de la Ville auf der Ill rund um die Altstadt 🕭🕭 **10**

Centre • Bus 10: Corbeau • Info-Tel. 03 88/32 75 25 • www.batorama. fr • Kartenverkauf und Abfahrt: Anlegestelle des Rohan Schlosses (▶ S. 117, F 11) • Dauer: 1 Std. 10 Min. • ganzjährig Rundfahrten, April–Okt. tgl. halbstündlich 9.30–21, Jan.–März, Nov. 10.30, 13, 14.30 und 16, Dez. tgl. halbstündig 9.30–17 Uhr • Preis: 8 €, Kinder 4,20 €

Nächtliche Fahrt auf der Ill (»flâneries nocturnes«)

Centre • Bus 10: Corbeau • Dauer: 1 Std. 10 Min. • Mai–Sept. tgl. 21.30 und 22 Uhr • Preis: 8 €, Kinder 4,20 €

Eine **Minitram** fährt durch die Altstadt, per Tonband werden die Sehenswürdigkeiten erläutert. Dauer: 40 Min. • Abfahrt: Pl. du Château • Mitte März–Mitte Okt. halbstündig 9.30–17.30, Mai–Sept. bis 19, Mitte Okt.–Anfang Nov. stündlich 10–17 Uhr • Ticket 5,40 €, erm. 2,80 €

STADTRUNDGÄNGE

Eine interessante Stadtführung bieten »Audioguides«, die Sie in der Touristinformation (▶ S. 105) für 3 Std. leihen können. Für 5,50 € plus einer Kaution von 100 € gestattet Ihnen die Benutzung des Walkmans die Besichtigung der Straßburger Sehenswürdigkeiten in einem von Ihnen selbst gewählten Tempo. Einen kostenlosen Service im Internet bietet www.fileos.net. Per Mausklick können Sie französischsprachige Audio-Informationen zu Straßburg herunterladen und auf Ihren eigenen MP3-Spieler kopieren.

STRASBOURG-PASS

Für 12,40 €, erm. 6,20 €, haben Sie drei Tage lang freien Eintritt zur

Mittelwerte	JAN	FEB	MÄR	APR	MAI	JUN	JUL	AUG	SEP	OKT	NOV	DEZ
Tages-temperatur	3	5	11	16	20	23	25	25	21	14	8	4
Nacht-temperatur	-2	-2	1	5	8	12	13	13	11	6	2	-1
Sonnen-stunden	2	2	5	6	7	7	7	7	6	4	2	1
Regentage pro Monat	15	13	12	13	13	14	14	13	12	12	13	14

Plattform und zur Astronomischen Uhr des Münsters. Zudem können Sie eine Bootrundfahrt machen und ein Museum Ihrer Wahl besuchen. Informationen zu weiteren Vergünstigungen erhalten Sie beim Office du Tourisme (▸ S. 105).

TELEFON
VORWAHLEN

D, A, CH ▸ Frankreich 00 33
Frankreich ▸ D 00 49
Frankreich ▸ A 00 43
Frankreich ▸ CH 00 41

Alle französischen Telefonnummern sind zehnstellig. Es gibt keine Vorwahl, und es müssen stets alle zehn Zahlen eingegeben werden. Ausnahmen bilden Notruf- und Servicenummern. Die ersten beiden Ziffern für Straßburg sind 03. Bei einem Anruf aus dem Ausland nach Frankreich entfällt die 0 vor der 3; also nur 0 03 33 …

Die Mobilnummern der drei französischen Mobilfunkbetreiber SFR, Orange und Bouygues beginnen immer mit einer 06. Wer sein Handy aus Deutschland mitgebracht hat, kann ohne weitere Vorwahl nach Deutschland telefonieren. Straßburger Telefonnummern muss die französische Auslandsvorwahl vorangestellt werden.

Man sollte beachten, dass Roaming-Gebühren fällig werden, wenn das Handy im französischen Netz angemeldet ist und Anrufe eingehen.

VERKEHR
AUTO

Bei der Anreise mit dem Auto empfiehlt sich in Straßburg die Beachtung von zwei Grundregeln: das Fahrzeug möglichst rasch auf einem Parkplatz oder in einer Tiefgarage abstellen und nichts im Innenraum liegen lassen. Autos werden oft aufgebrochen, auch wenn nur eine Schachtel Zigaretten auf dem Sitz die Aufmerksamkeit der flinken Langfinger erregt. Fahrzeuge mit ausländischen Kennzeichen sind besonders gefährdet.

Bewachte Parkhäuser gibt es am Bahnhof, im Einkaufszentrum Centre Halles, im Kaufhaus Printemps und an den Plätzen Austerlitz, Gutenberg, Kléber und Broglie. Achtung: Hinweisschilder signalisieren »complet« (besetzt) oder »libre« (frei). Die meisten Parkhäuser schließen mehrere Stunden in der Nacht, die Parkgebühr für eine Stunde beträgt bis zu 1,50 €.

Unter www.parcus.com erhalten Sie aktuelle Informationen zu den Parkhäusern der Stadt.

MIETWAGEN

Ein Mietwagen der Mittelklasse kostet pro Tag inklusive Versicherung ab 95 €. Beim Flughafen bieten Avis, Budget, National/Citer, Europcar, Hertz und Sixt Mietwagen an. Avis und Europcar haben auch Filialen am Hauptbahnhof.

Aus der Stadt heraus

Die Autobahnanschlüsse in Richtung Süden und zum Flughafen Entzheim ebenso wie in Richtung Saverne, Metz und Paris erreichen Sie vom Zentrum aus am einfachsten über die Place de la République, Avenue des Vosges bis zur Place de Haguenau. Zur Europabrücke Kehl führt der Weg vom Stadtzentrum aus über die Place de l'Étoile am Verwaltungszentrum die Route du Rhin entlang. Von Deutschland kommend ist der direkte Weg nach Colmar, zum Flughafen Entzheim oder Paris bereits kurz hinter der Europabrücke ausgeschildert.

ÖFFENTLICHE VERKEHRSMITTEL

Es gibt fünf Straßenbahnlinien. Die Linie A verbindet auf ihrem Weg durch das Stadtzentrum Hautepierre Maillon mit Illkirch Lixenbuhl. Die Linie B verkehrt zwischen Lingolsheim Tiergaertel und Hoenheim Gare, Linie C zwischen Elsau und Neuhof Rodolphe Reuss, Linie D zwischen Rotonde und Aristide Briand und Linie E zwischen Robertsau Boecklin und Baggersee. Ab 2011 verbindet eine neue Linie F das Universitätsviertel mit dem Bahnhof. Die grau-weißen Autobusse der Compagnie de Transport Strasbourgeois (CTS) ergänzen die Tramstrecke. Haltestellen erkennt man an den gelben Schildern, auf denen die Buslinien angegeben sind. Die Busse verkehren sternförmig vom Stadtzentrum oder Bahnhof in die verschiedenen Außenbezirke. Die Linie 10 führt im Kreisverkehr um den Stadtkern herum.

Alle Stationen haben automatische Fahrscheinautomaten, die Münzen und Bankkarten akzeptieren. Ein Einzelfahrschein, der sowohl für die Straßenbahn als auch für die Busse gilt, kostet 1,40 €. Hefte mit jeweils zehn Fahrscheinen (»carnet«), die es u. a. an Zeitungskiosken und Postämtern gibt, kosten 12,20 €, erm. 9,50 €, das 24-Stunden-Ticket kostet 4 €, für drei Personen 5,50 €. Informationen: www.cts-strasbourg.fr

TAXIS

Man geht entweder zu einem Taxistand oder bestellt einen Wagen telefonisch. Eine Fahrt vom Bahnhof ins Stadtzentrum kostet zwischen 5 und 6 €, vom Flughafen je nach Fahrtzeit etwa 32 €.

Taxizentrale ▸ S. 117, F 9
Taxi 13 • 30, ave. de la Paix • Tel. 03 88 36 13 13 • www.taxi13.fr (rund um die Uhr)

ZEITUNGEN

Die größte elsässische Tageszeitung ist die in Straßburg erscheinende (auch am So) »Dernières Nouvelles d'Alsace« (www.dna.fr), die auch in einer deutsch-französischen Ausgabe erscheint. Unter der Rubrik »Aujourd'hui« sind im Lokalteil Notrufnummern, diensttuende Ärzte und Apotheken und besondere Veranstaltungen des Tages aufgeführt. Die zweitgrößte elsässische Tageszeitung ist »L'Alsace« (www.lalsace.fr), ebenfalls mit einer deutsch-französischen Ausgabe.

ZOLL

Reisende aus Deutschland und Österreich dürfen Waren abgabenfrei mit nach Hause nehmen, wenn diese für den privaten Gebrauch bestimmt sind. Bestimmte Richtmengen sollten jedoch nicht überschritten werden (z. B. 800 Zigaretten, 90 l Wein, 10 kg Kaffee). Weitere Auskünfte unter www.zoll.de und www.bmf.gv.at/zoll.
Reisende aus der Schweiz dürfen Waren im Wert von 300 SFr abgabenfrei mit nach Hause nehmen, wenn diese für den privaten Gebrauch bestimmt sind. Tabakwaren und Alkohol fallen nicht unter diese Wertgrenze und bleiben in bestimmten Mengen abgabenfrei (z. B. 200 Zigaretten, 2 l Wein). Weitere Auskünfte unter www.zoll.ch.

Kartenatlas

Maßstab 1:9 000

Bischheim

Mittel-
hausbergen

E25
E52

Schiltigheim

Bussière

La Robertsau

D468

A34

| 112 | 113 | 114 | 115 |

A350

Cronenbourg

A351

| 116 | 117 | 118 | 119 |

Cathédrale

Koenigshoffen

N4

Kehl

28

Rhein

Roethig

Verte
Gliesberg

Elsau

l'Ill Riv.

Neudorf

Meinau

Musau

A35

Fin de
Banlieue

0   1,5 km

N83 Hohwarth

© MERIAN-Kartographie

Legende

Spaziergänge

○—➤● La Petite France (S. 82)
      Start: S. 117, E11
○—➤● Entlang der Highlights
      (S. 83)
      Start: S. 117, E11
○—➤● Vom Kaiserplatz zum
      Europaviertel (S. 84)
      Start: S. 117, F9
○—➤● Durch das beliebte
      Münsterviertel (S. 85)
      Start: S. 117, E11

Sehenswürdigkeiten

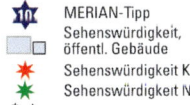

🔟 MERIAN-TopTen
🔟 MERIAN-Tipp
▢   Sehenswürdigkeit,
    öffentl. Gebäude
✳   Sehenswürdigkeit Kultur
✳   Sehenswürdigkeit Natur
♦♦ Kirche; Kloster

Sehenswürdigkeiten ff.

⌂   Schlossruine, Burgruine
✡   Synagoge
🏛   Museum
🗿   Denkmal

Verkehr

═══ Autobahn
═══ Hauptstraße
─── Nebenstraße
▨   Fußgängerzone
🅿   Parkmöglichkeit
Ⓑ   Busbahnhof
SNCF Bahnhof
⚓   Schiffsanleger
✈   Flughafen

Sonstiges

🅸   Information
🎭   Theater
🛒   Markt
🐘   Zoo
☀   Aussichtspunkt
† † † Friedhof
▭   Nationalpark

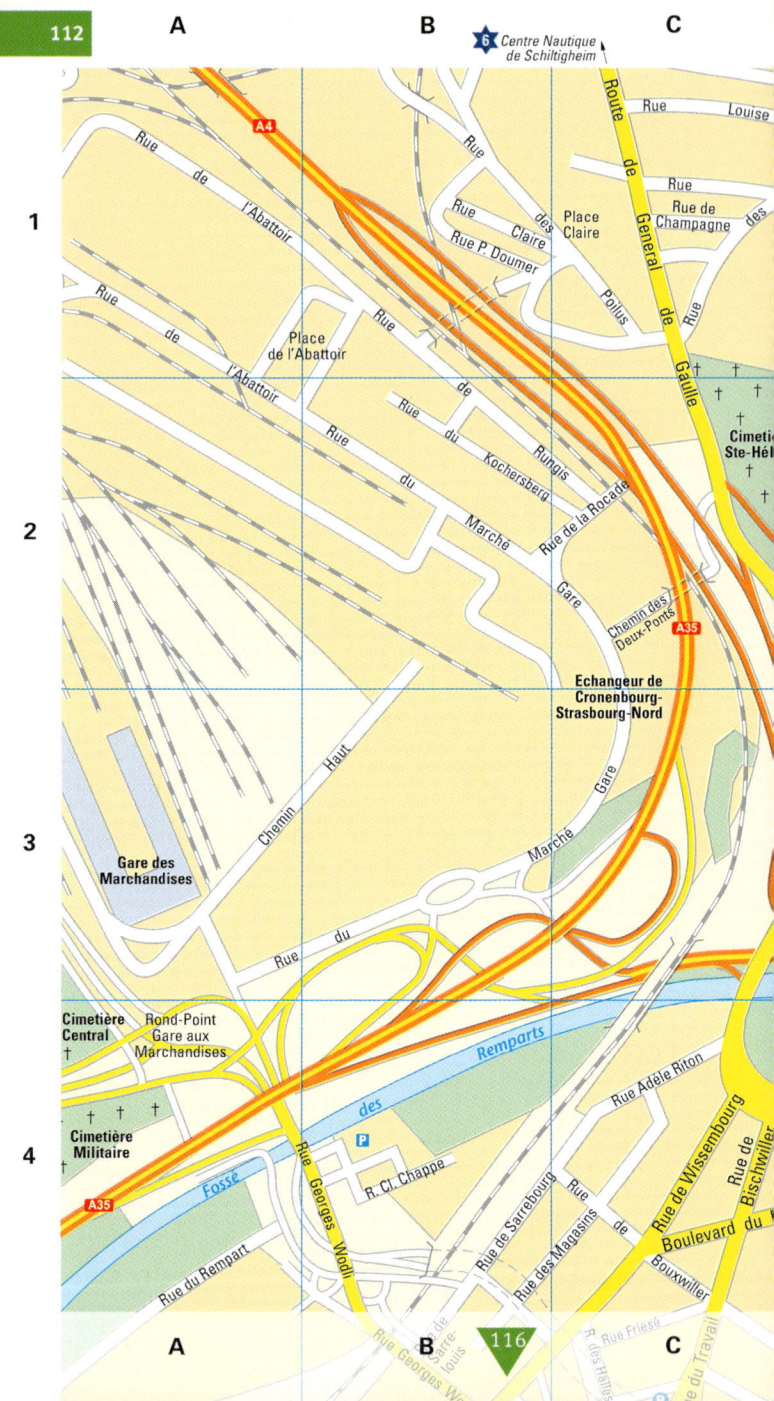

Centre Nautique
de Schiltigheim

Rue Louise

Rue

Rue de Champagne

Place Claire

Rue de l'Abattoir

A4

Rue Claire

Rue P. Doumer

des

Route de Général de Gaulle

Rue

des

Rue de l'Abattoir

Place de l'Abattoir

Rue de

Rue du Kochersberg

Rungis

Cimeti Ste-Hél

Rue

du

Rue de la Rocade

Marché

Gare

Chemin des Deux-Ponts

A35

Echangeur de Cronenbourg-Strasbourg-Nord

Chemin Haut

Gare

Marché

Gare des Marchandises

Rue du

Cimetière Central

Rond-Point Gare aux Marchandises

Rue Adèle Riton

Remparts

Cimetière Militaire

des

A35

Fossé

Rue Georges Wodli

P

R. Cl. Chappe

Rue de Sarrebourg

Rue

Rue de

Rue des Magasins

Rue de Wissembourg

Rue de Bischwiller

Boulevard du Bouxwiller

Rue du Rempart

Rue Georges Wodli

Rue de Sare-louis

R. des Halles

Rue Frieré

Rue du Travail

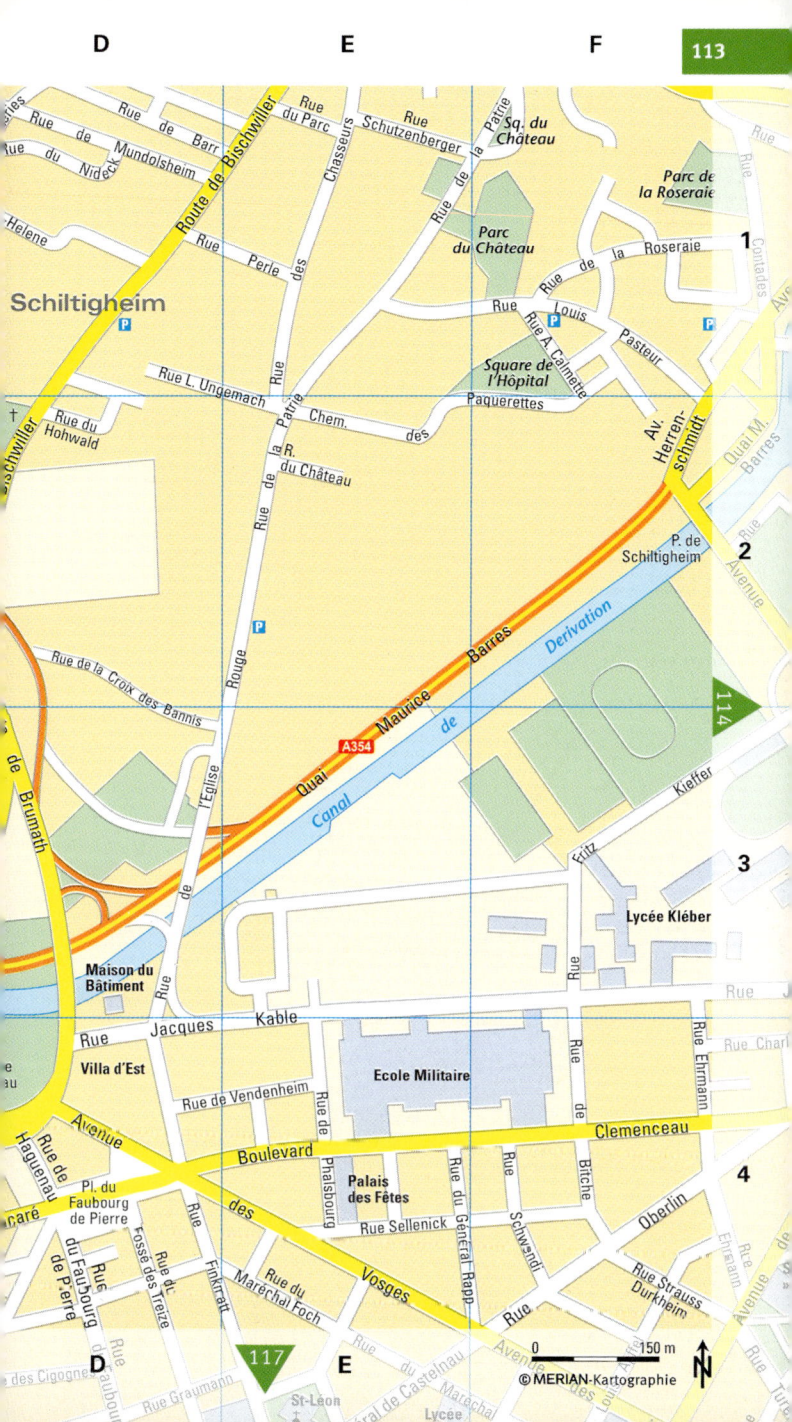

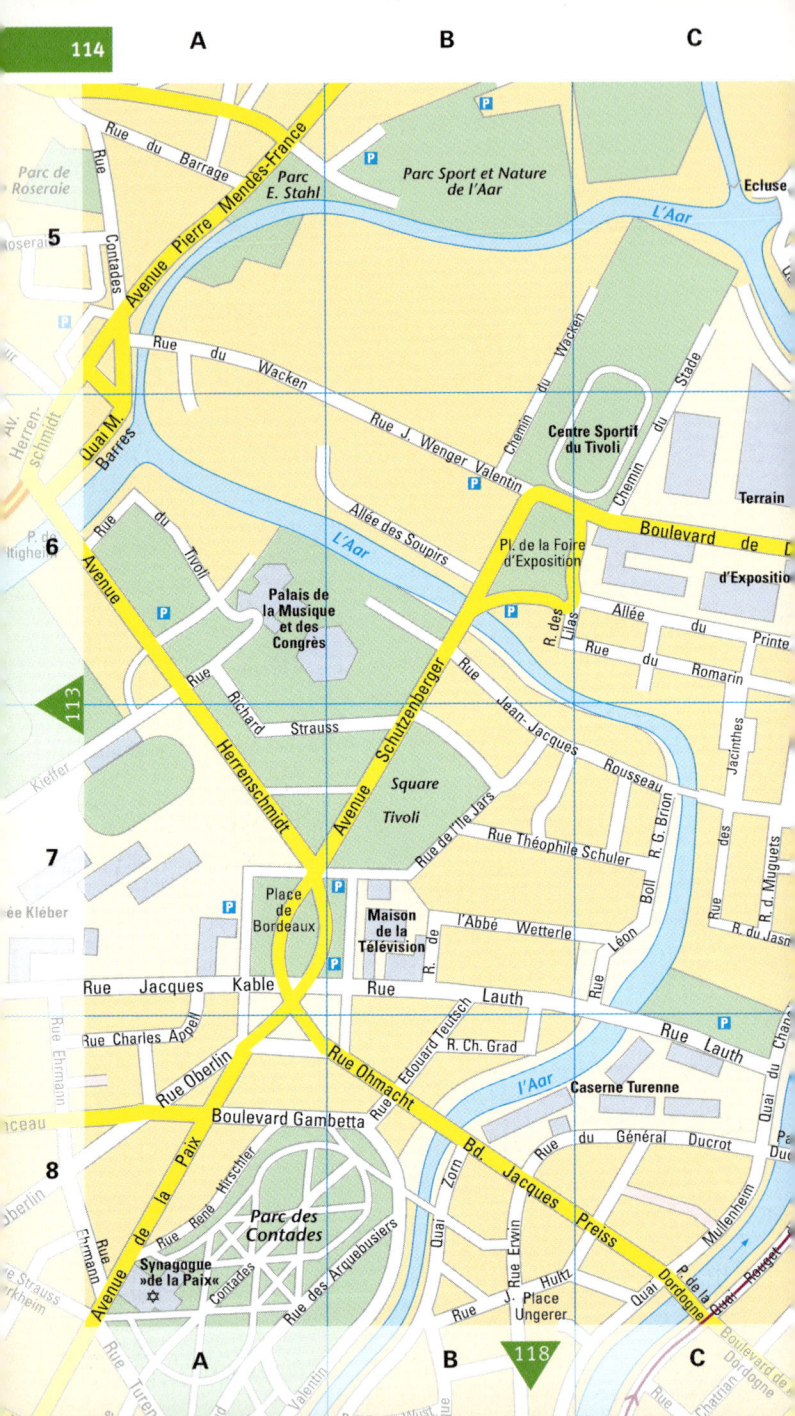

A   B   C

Parc de
Roseraie

Rue du Barrage

Rue

Avenue Pierre Mendès-France

Parc
E. Stahl

Parc Sport et Nature
de l'Aar

P

P

L'Aar

Ecluse

5

Contades

roseraie

Rue   du   Wacken

Rue J. Wenger Valentin

Chemin du Wacken

Centre Sportif
du Tivoli

Chemin du Stade

Av. Herren-
schmidt

Quai M.
Barres

P

Terrain

P. de
l'Itighefen

6

Avenue

Rue du Tivoli

Allée des Soupirs

L'Aar

Rue

Pl. de la Foire
d'Exposition

P

Boulevard de L

d'Expositio

Palais de
la Musique
et des
Congrès

R. des
Lilas

Allée

du

Printe

Rue Richard   Strauss

Avenue Schutzenberger

Rue

Rue Jean-Jacques Rousseau

Rue   du   Romarin

des

Jacinthes

113

Kiefer

Herrenschmidt

Square

Tivoli

Rue de l'Ile Jars

Rue Théophile Schuler

Boll

R. G. Brion

Rue

R. d. Muguets

des

7

ée Kléber

P

Place
de
Bordeaux

P

Maison
de la
Télévision

R. de

l'Abbé   Wetterle

Léon

R. du Jasn

Rue Jacques   Kable

Rue

Rue   Lauth

Rue   Lauth

P

Chan

Rue Ehrmann

Rue Charles Appell

Rue Oberlin

Rue Ohmacht

R. Ch. Grad

Edouard Teutsch

Rue

l'Aar

Caserne Turenne

Quai

du

Quai

Pa
Du

8

Boulevard Gambetta

Avenue de la Paix

Rue René Hirschler

Parc des
Contades

Bd.   Jacques   Preiss

Quai   Zorn

Rue

du   Général   Ducrot

Rue Erwin

Mullenheim

Boulevard de

iceau

Oberlin

Rue Ehrmann

Rue

Contades

Synagogue
»de la Paix«

Rue des Arquebusiers

Huitz

J. Place
Ungerer

P. de la Bruc

Quai Dordogne

Rue Rosse

Dordogne

Rue Strauss
kheim

Avenue Turenne

Rue

Valentiny

Rue Wust

118

Rue

Chatiau

Boulevard de
Dordogne

A   B   C

5

6

7

8

Sentier   de

Chemin   de   Doernelbruck

Quai   du

Rue   Pierre   de   Coubertin

Rue   de   Coubertin

Route   de   la   Wantzenau

Rue   du   Commandant Reibel

Rue   Silberrath

Piscine

Rue   Pierre   au   Rhin

Stade de l'Ill

L'Ill

P. du Wacken

Ecluse

Quai   du   Chanoine Winterer

Quai   Ernest   Bevin

Allée René Cassin

Rue   de   la   Wantzenau

Rue   Bæcklin

Parlement Européen

3

10

Bassin de l'Ill

Rue   Sforza

Pont   Zaepfel

Route   de

Cour Européenne des Droits de l'Homme

3

All.   des   Droits   de   l'Homme

Allée   Kastner

Rue

Pharmacopée Européenne

3

Conseil de l'Europe

3

Ecluse

Pl. des Glycines

Av. du Prés. R. Schuman

P. de la Rose Blanche

Palais de l'Europe

Rue André Jung

Spach

Rue   Boudhors

Rue Ch. Bergmann

Allée

Boulevard Paul Déroulède

du Gal. Ulrich

Impasse   des   Bosquets

Quai

Quai

Jacoutot

Canal de la Marne au Rhin

10

Rue de la Carpe-Haute

l'Orangerie

Avenue   de   l'Europe

Allée   de   la   Robertsau

Boulevard du Prés. Edwards

Pavillon Joséphine

Parc de l'Orangerie

9

Rue F. Schickelé

Boulevard

0   150 m

© MERIAN-Kartographie

N

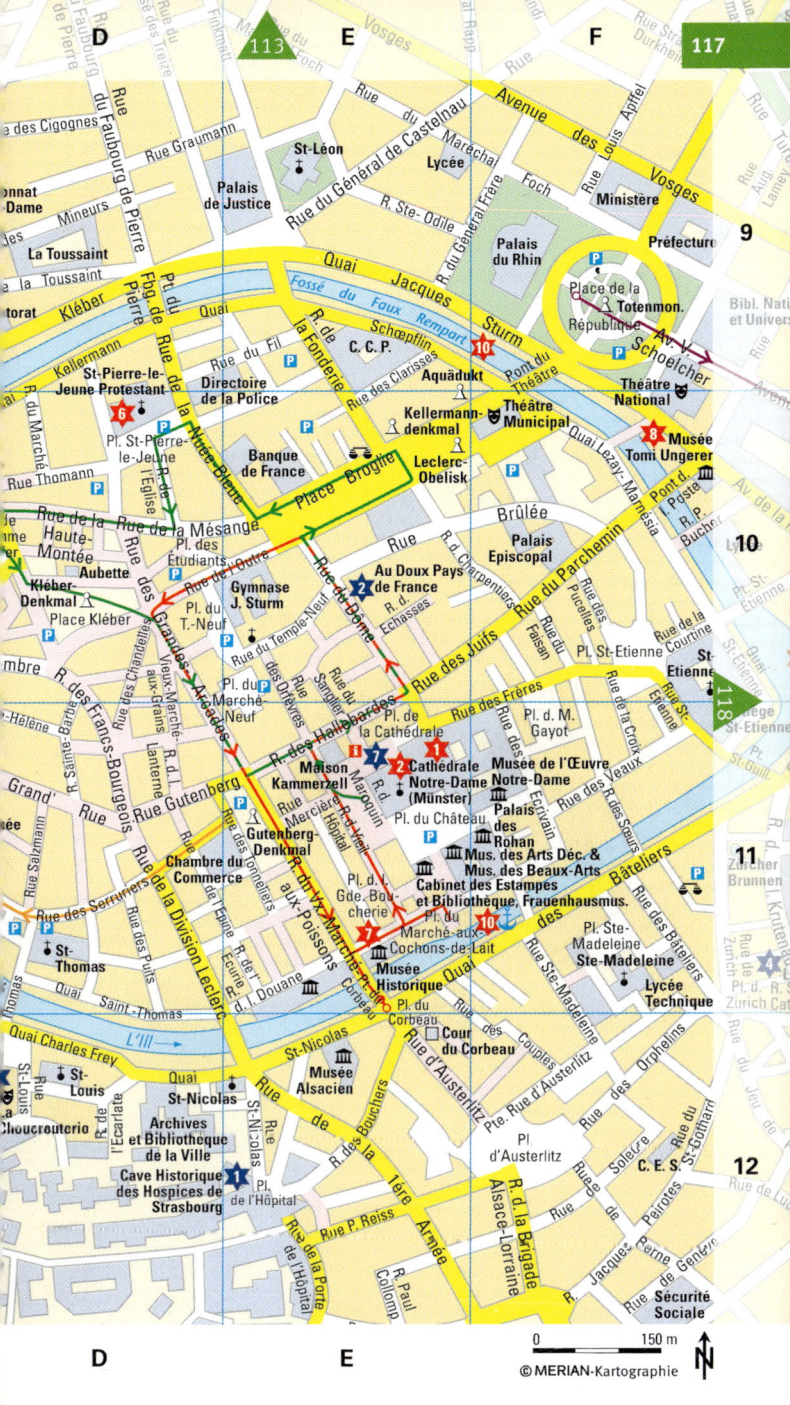

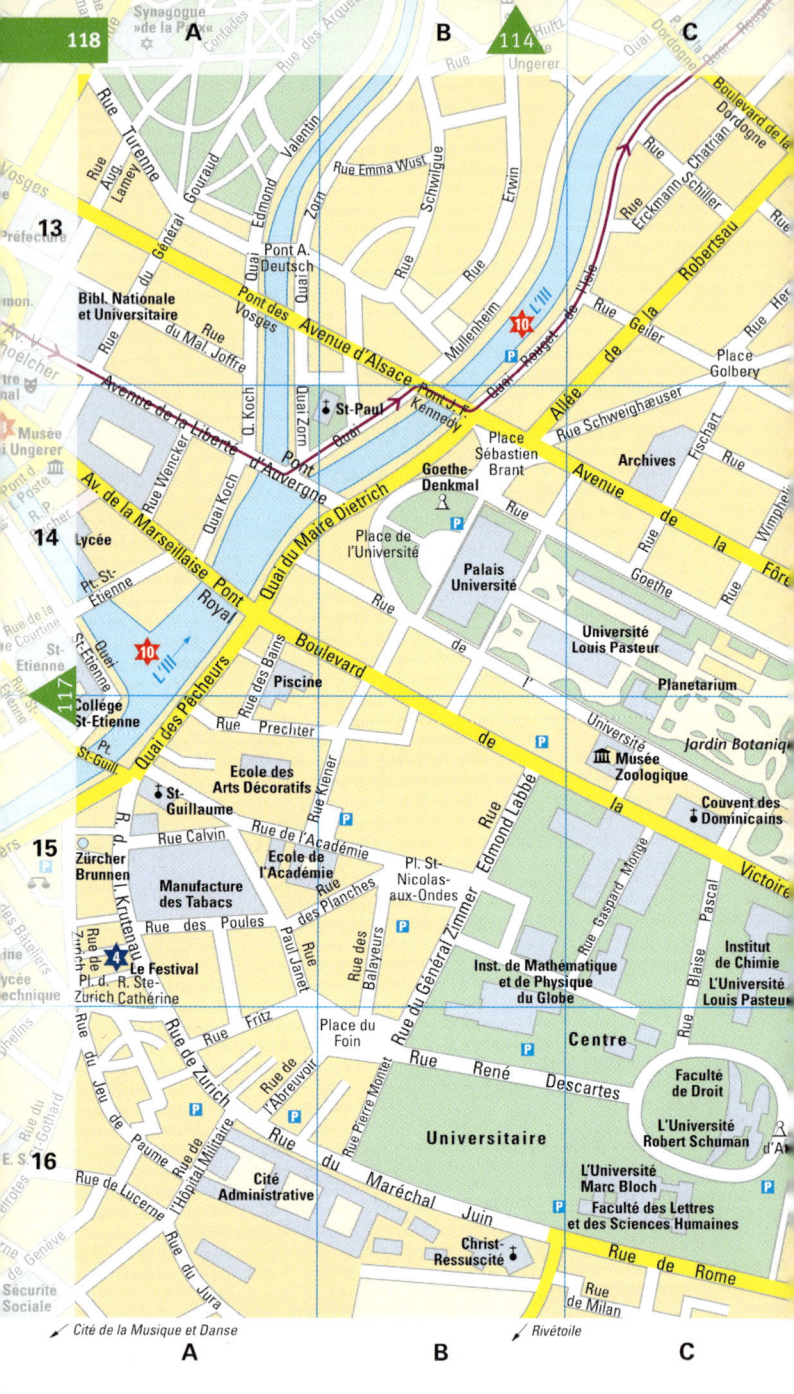

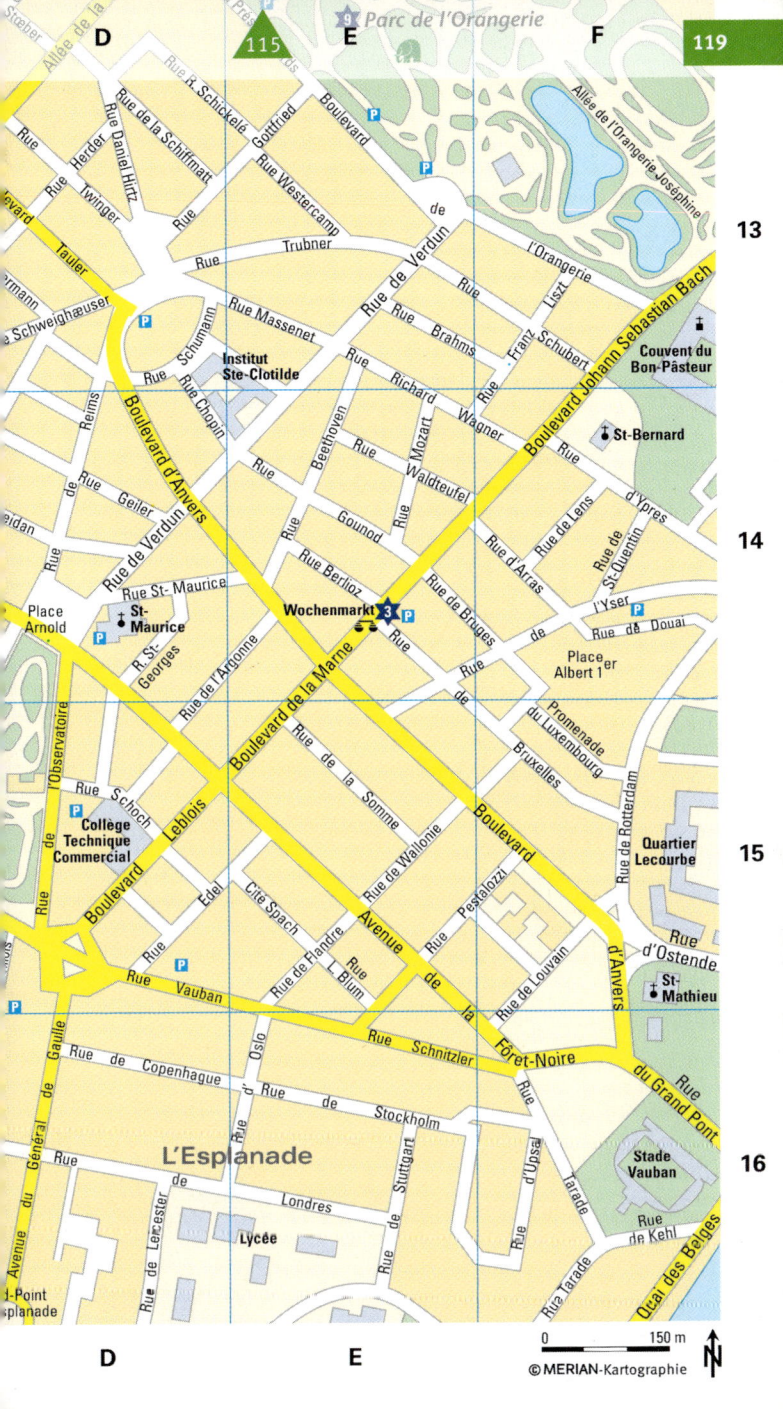

Parc de l'Orangerie

13

14

15

16

D E

Rue R. Schickelé
Gottfried
Rue de la Schiffmatt
Rue Daniel Hirtz
Rue Herder
Rue Twinger
Rue Westercamp
Boulevard
Tauler

Rue Trubner
Rue Massenet
Rue de Verdun
Rue Brahms
Rue Richard
Rue Wagner
de
l'Orangerie

Boulevard Johann Sebastian Bach

Allée de l'Orangerie-Joséphine

Couvent du
Bon-Pâsteur

Institut
Ste-Clotilde
Rue Schumann
Rue Chopin
Rue Beethoven
Rue Mozart
Rue Waldteufel
Franz Schubert
Liszt
St-Bernard

Reims
Boulevard d'Anvers
Rue de Verdun
Rue Geiler
Rue de
Rue Gounod
Rue Berlioz
Rue de Bruges
Rue de Lens
Rue d'Arras
Rue de St-Quentin
d'Ypres
de
l'Yser
Rue de Douai

Place
Arnold
St-
Maurice
R. St-
Georges
Rue St-Maurice
Rue de l'Argonne
Wochenmarkt 3
Rue
Rue de la Marne
de
Place
Albert 1er

l'Observatoire
Rue Schoch
Leblois
Rue de la Somme
Rue de Wallonie
Avenue
Boulevard
Promenade
du Luxembourg
Bruxelles
Rue de Rotterdam
Quartier
Lecourbe

Collège
Technique
Commercial
Boulevard
Edel
Cité Spach
Rue de Flandre
Rue L. Blum
de la
Rue Pestalozzi
Rue de Louvain
Forêt-Noire
d'Anvers
Rue
d'Ostende
St-
Mathieu

Rue Vauban
Rue de Copenhague
d' Oslo
Rue Schnitzler
Rue du Grand Pont

Rue de Gaulle
Rue de Stuttgart
Rue
Rue de
Stockholm
d'Upsal
Rue Tarade
Stade
Vauban

L'Esplanade
de
Londres
Lycée
Rue de Leicester
Rue de Kehl

t-Point
splanade
Rue Tarade
Quai des Belges

0 150 m
© MERIAN-Kartographie

N

Kartenregister

Orts- und Sachregister

Wird ein Begriff mehrfach aufgeführt, verweist die **fett** gedruckte Zahl auf die Hauptnennung, eine *kursive* Zahl auf ein Foto.
Abkürzungen:
Hotel [H]
Restaurant [R]

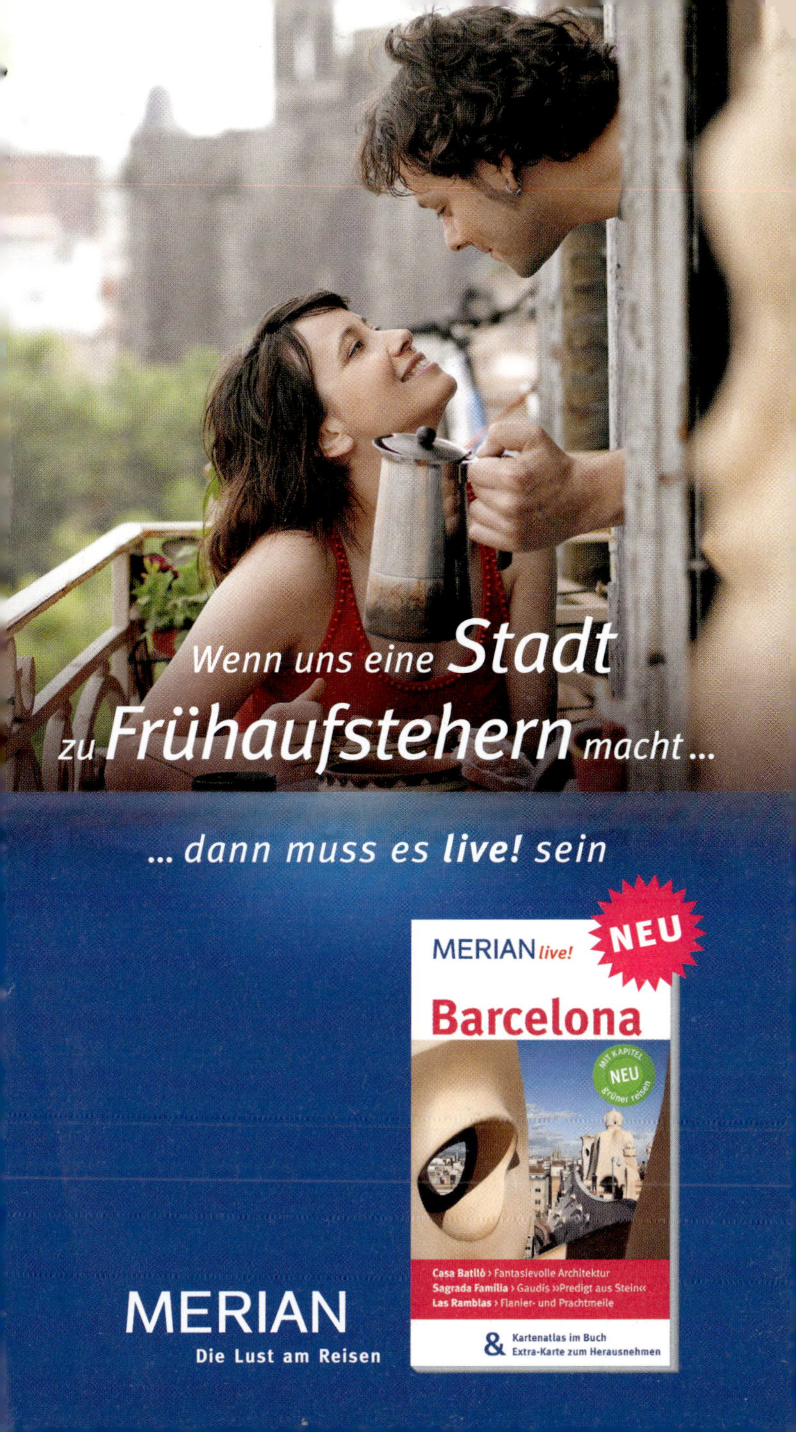

Wenn uns eine *Stadt*
zu *Frühaufstehern* macht ...

... dann muss es *live!* sein

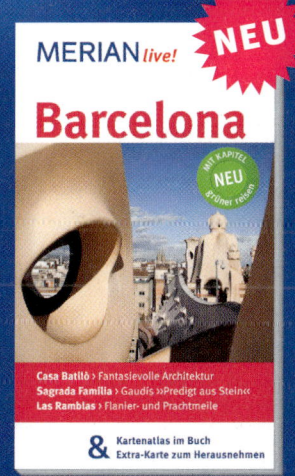

Liebe Leserinnen und Leser,
vielen Dank, dass Sie sich für einen Titel aus unserer Reihe MERIAN *live!* entschieden haben. Wir freuen uns, Ihre Meinung zu diesem Reiseführer zu erfahren. Bitte schreiben Sie uns an merian-live@travel-house-media.de, wenn Sie Berichtigungen und Ergänzungen haben – und natürlich auch, wenn Ihnen etwas ganz besonders gefällt.

Alle Angaben in diesem Reiseführer sind gewissenhaft geprüft. Preise, Öffnungszeiten usw. können sich aber schnell ändern. Für eventuelle Fehler übernimmt der Verlag keine Haftung.

© 2011 TRAVEL HOUSE MEDIA
   GmbH, München
MERIAN ist eine eingetragene Marke der
GANSKE VERLAGSGRUPPE.

1. Auflage

Alle Rechte vorbehalten. Nachdruck, auch auszugsweise, sowie die Verbreitung durch Film, Funk, Fernsehen und Internet, durch fotomechanische Wiedergabe, Tonträger und Datenverarbeitungssysteme jeglicher Art nur mit schriftlicher Genehmigung des Verlages.

BEI INTERESSE AN DIGITALEN DATEN AUS DER MERIAN-KARTOGRAPHIE:
iPUBLISH GmbH, Abt. Cartography
merianmapbase@ipublish.de
www.merianmapbase.de

BEI INTERESSE AN ANZEIGENSCHALTUNG:
KV Kommunalverlag GmbH & Co KG
MediaCenterMünchen
Tel. 0 89/92 80 96 44
winzer@kommunal-verlag.de

TRAVEL HOUSE MEDIA
Postfach 86 03 66
81630 München
merian-live@travel-house-media.de
www.merian.de

PROGRAMMLEITUNG
Dr. Stefan Rieß
REDAKTION
Susanne Kronester
LEKTORAT
Maja Mayer für bookwise, München
BILDREDAKTION
Charlotte May
SCHLUSSREDAKTION
Ulla Thomsen
SATZ
Maja Mayer für bookwise, München
REIHENGESTALTUNG
Independent Medien Design,
Elke Irnstetter, Mathias Frisch
KARTEN
MERIAN-Kartographie
DRUCK UND BUCHBINDERISCHE VERARBEITUNG
Stürtz Mediendienstleistungen, Würzburg
GEDRUCKT AUF
Eurobulk von der Papier Union

Ein Unternehmen der
GANSKE VERLAGSGRUPPE

BILDNACHWEIS
Titelbild (Die Maison Kammerzell und das Münster), laif: F. Siemers
Alamy/Sagaphoto.com: S. Gautier 42 • Andia fr.: J.-F. Badias 79 • Anzenberger: Y. Levy 2, 4 • Arco Images: Camerabotanica 28 • Bildagentur Huber: R. Schmid 10/11, 65 • caro foto-agentur: F. Sorge 94/95 • Château de l'Ile 17 • dpa picture alliance 52, 72 • Fotolia: K. Yvann 87 • Fotos GraphH 31 • Gourmet Picture Guide 20 • Moritz Hoffmann 7 o., 9 o., 26, 32, 36, 39, 40, 56, 84 • Hotel Cour du Corbeau 12 • Hotel Regent Petite France 14 • laif: A. Fechner 24, hemis.fr: B. Rieger 66, R. Mattes 71, Kirchner 68, /REA: F. Maigret 63 • mauritius images 50 • Opéra national du Rhin, Strasbourg: A. Kaiser 45 • Restaurant Le Buerehiesel: Nis&For 18 • visum 48, 96, /Andia: J.-F. Badias 80/81 • H. Wagner 75 • Your Photo Today 54/55